别用爱情的方式经营婚姻

Your spouse
is not only your
lover

宋家玉　禾雨◎著

中国工人出版社

图书在版编目（CIP）数据

别用爱情的方式经营婚姻 / 宋家玉，禾雨著. —北京：中国工人出版社，2017.2
ISBN 978-7-5008-6621-3

Ⅰ.①别… Ⅱ.①宋… ②禾… Ⅲ.①婚姻问题—通俗读物 Ⅳ.①C913.13-49

中国版本图书馆CIP数据核字(2017)第031225号

别用爱情的方式经营婚姻

出 版 人 芮宗金
责任编辑 李 丹
责任校对 赵贵芬
责任印制 栾征宇
出版发行 中国工人出版社
地　　址 北京市东城区鼓楼外大街45号　邮编：100120
网　　址 http://www.wp-china.com
电　　话 （010）62005043（总编室）（010）62005039（出版物流部）
（010）62382916（职工教育分社）
发行热线 （010）62005996　（010）82075964（传真）
经　　销 各地书店
印　　刷 三河市东方印刷有限公司
开　　本 880毫米×1230毫米　1/32
印　　张 6.5
字　　数 126千字
版　　次 2017年3月第1版　2020年10月第6次印刷
定　　价 32.00元

自 序

婚姻问题已成为当下最为普遍的社会问题，这是不争的事实。据中国婚姻咨询救助网对20个地区2000户家庭的调查统计显示，有1639户家庭出现婚姻家庭问题，占调查总数的82%；有253户家庭出现严重婚姻家庭问题，占调查总数的13%。婚姻家庭问题的分类构成为：婚外恋，占婚姻家庭问题总数的70%；性格或人格缺陷，占婚姻家庭问题总数的55%；家庭暴力、酗酒等不良行为，占婚姻家庭问题总数的21%；婆媳关系、无性婚姻、性格不合等其他因素，占婚姻家庭问题总数的16%。各类婚姻家庭问题都有交叉重合，尤其是婚外恋和性格、人格缺陷的重合率相对较高。

对于婚姻、家庭、情感问题，古今中外有很多专家学者从各自不同的角度做出了阐释。我们从事婚姻咨询工作多年，常年跟各类婚姻问题打交道，见证了形形色色的婚姻家庭故事，也帮助不少家庭走出了婚姻的困顿，解决了夫妻双方的实际问题。为了帮助更多的家庭走出婚姻情感的困顿，我们把几十年来在婚恋咨询、婚姻救助、婚姻心理学教学方面的一些经验整理成本书推荐给大家，希望婚姻情感出现问题的朋友，能够通过书中介绍的方法实现自我认识、自我成长、自我诊断、自我提高，最终走出婚姻困顿的阴霾，过上美好幸福的婚姻生活。

因水平所限，不当之处在所难免，敬请大家批评指正。

宋家玉　禾　雨

2017年1月15日

目录 contents

第 1 章 关于婚姻，男人和女人到底怎么想

第 2 章 婚姻中的男人真的容易做这些事吗

第 3 章　婚姻中的女人真的会变成这样吗

第 4 章　为婚姻做个解剖

第 5 章 原来婚姻是这样的

第1章

关于婚姻，男人和女人到底怎么想

男人为什么婚前婚后两个样
男女出轨是对婚姻的不满吗
婚姻对男女分别意味着什么

人人都会遇到婚姻问题，无论婚前还是婚后——婚前需要考虑选择什么样的婚姻，婚后需要思考如何经营好婚姻生活。一旦遇到婚姻问题，困顿会随即产生，轻者会影响两个人的感情，重者会危及婚姻的生命。因此，婚姻问题对任何人来讲都不是一件小事情。遇到婚姻问题时，每个人首先都会问“对方在想些什么?”这是大家在婚姻咨询中反映的第一困惑，是婚姻中最需要解决的问题，也是婚姻问题中最大的难题。

毕竟男女生理有别且思考角度不同，在面对婚姻问题的时候，男人会看不懂女人，女人也读不懂男人，总会带着一些困惑，一步步加重婚姻问题的严重程度，甚至走向婚姻问题的“深渊”，给夫妻二人都带来严重的身心伤害。自己的婚姻问题到底是什么、应该怎么解决？为什么自己像个傻瓜一样，什么也看不清、搞不懂？这是每个遭遇婚姻障碍的人（尤其是女人）的共同心声和诉求。这时就特别需要一盏“指路明灯”（哪怕只是一个过来人）来帮助自己明晰婚姻问题的性质，调整婚姻前进的方向，改善婚姻生活的质量。

男人为什么婚前婚后两个样

对于“男人婚前婚后两个样”的说法，男女的感受是大不相同的。男人基本上都否认这种说法，认为自己婚前婚后一个样，没多大差别；结了婚的女人则基本上都认同这种说法，认为男人婚前婚后的变化非常大，只是男人不愿承认或意识不到而已，这也是大多数女人婚后最深刻的感受。

当然，如果非要让男人仔细想想婚后生活有什么变化的话，男人会说变化最大的是女人，女人婚前对男人的要求和不满很少，而婚后的要求和不满会很多，这也是大多数男人婚后的共同反映。

在婚礼上，你想过这辈子就只跟他（她）了吗

对婚姻这件事或这个概念，男女的认识有差别吗？请大家仔细思考后再回答。

大多数人可能会觉得没有太大的差别，认为婚姻本来就是男女两个人之间的事，如果两个人的认识差距太大，也不会决定共同走入婚姻，即使存在不可避免的差别，也只是在对待婚姻的责任心上，男女多少会有些不同。

假如你是已婚女人，在婚礼上你有没有想过这辈子就只跟他

了，一定要和他相濡以沫地走完这一生？

应该说绝大多数女人都这样想过，几乎没有哪个新娘会在结婚的时候想着哪天要离开新郎再嫁他人。如果真有这种想法，那肯定是被迫结婚，不是正常的恋爱结婚。

假如你是男人，在婚礼上你会不会想这辈子就爱这一个女人，其他女人再优秀，自己也不会动心了？

如果让女人来假设回答一下，你嫁的这个男人会怎么想？一半的女人会回答，自己的男人虽然眼下深爱着自己，但以后真遇到更优秀的女人，说不定他会动心；而另一半的女人会回答，自己了解自己的男人，他的心里只有自己没有别人，和自己对他的态度一样，这辈子他只会爱自己，不会再对别人动心了。

根据中国婚姻咨询救助网对这一问题的调查数据显示，男人在结婚的时候确实很激动，但抱有“这辈子就和她过”想法的男人不足10%。也就是说，大多数男人是不会去想“这辈子只和谁过”这种问题的。

当然，这并不是说男人婚后都会想再和其他女人产生感情，而是说男人在结婚的时候，“和谁结婚就和谁牵手一生”几乎不会成为一个问题进入其意识当中，男人只会想我结婚了，我很高兴，我很幸福，我要好好疼爱这个女人，等等，但绝不会想我这一生就要和这一个女人怎么样了。

而绝大多数女人会想到这个问题，一旦决定嫁给一个男人，就想要对他从一而终，并希望对方也有同样的想法。这是女人的天性，但不是男人的天性。可以说，女人会将当下的感觉延伸到未来，而男人往往专注于当下，并不会想得太长远。

进入婚姻以后，男人对待婚姻的态度是有一定变化的，有过婚姻经历的女人都有这种体会。当然，这种变化因人而异，因性格而异，因很多因素而异。

比如，有的男人开始变得不那么在乎妻子了，当然也不能说不爱，只是关注的程度和婚前有所不同，理由是“都老夫老妻了，哪还有那么多的浪漫”。在这种“变化”下，有的女人会有点小失落，但还是能够理解，毕竟婚前婚后的新鲜程度确实不同了，也不能太任着自己的小性子，不至于有太多的遗憾或不满，这算是比较好的婚姻状态；有的家庭则是战争频发，动辄吵吵闹闹，不是女人耍性子，就是男人发脾气，两天一小吵，三天一大吵，不是男人赌气不回家，就是女人赌气回娘家，总之，日子和婚前人相径庭，这就是比较差的婚姻状态了。

婚姻状态持续恶化就会出现严重的婚姻问题。一种严重的婚姻问题是家庭暴力。动手是家暴，冷战也是家暴，只不过属于冷暴力，而冷暴力在当下的家庭矛盾中占有很大的比例。还有一种严重的婚姻问题是出轨。出轨的形式五花八门，有精神出轨，也有肉体出轨；有偶尔寻找刺激，也有长期金屋藏娇，虽然有悖公序良俗，甚至已属违法乱纪，但总有人心怀侥幸而无法自拔。不得不承认的事实是，在婚姻问题中，以男人犯错居多，女人一般在婚姻关系中处于弱势地位。

婚姻是女人一辈子的开始，是男人一件事的结束

现在回到刚才那个问题，为什么男女在结婚初期对婚姻的期许会有明显的不同？女人就想从一而终，男人对此却没有什么明确的想法。这是因为女人把婚姻看成是大事，而且是关乎一生命运、给自己带来重生机会的终身大事（注意这里有两个关键词，一个是终身，一个是大事）；男人虽然不会视婚姻为小事，但不会和女人一样把婚姻看成是关乎命运的大事，对他们来说，婚姻是一种必须要完成的阶段性的事情。

换句话说，男人把婚姻看成是一个人生任务，结婚就意味着大功告成，结束了一个必做事件，接下来还要完成第二个、第三个任务；女人则把婚姻看成是自己新生活的开始，会对这最美好、最神圣、最挚爱的东西倍加呵护、珍爱有加。

我们从这两种心态上很容易看出，女人把婚姻当作起点，而男人把婚姻当作阶段性的终点，这是男女看待婚姻最大的不同。很少有人在婚前认认真真地思考和分析这种不同，直到进入婚姻以后才猛然发现，两个人的想法总是背道而驰，既想不到一起，也做不到一起。从这开始，婚姻中的困惑和矛盾就会有增无减、有深无浅了。

尽管新女性主义的呼声很大，女性的地位和权利不断提高，但中国社会受“嫁汉嫁汉，穿衣吃饭”等传统观念的影响很深，

认为女人结婚就意味着离开父母的原生家庭，转投到另一处全新的、可以提供安全庇护的港湾，而且把这次“转投”看成是命运的归宿，赋予强烈的宿命感，也就是常说的“女怕嫁错郎”，这是典型的一次论输赢、一次定乾坤的宿命观点。

在这种传统观念的影响下，女人把结婚看成是自己真正独立人生（生活）的全新开始，因此会有以下三种心理期待。

1. 只能成功，不能失败

女人输得起任何事情，唯独输不起婚姻。只要婚姻幸福，其他的一切都是次要的。工作可以失败，事业可以放弃，社交可以受挫，唯独婚姻不能有闪失，这是女人最忌讳的事情。所以，女人对婚姻的期望是“只能成功，不能失败”。

换句话说，女人从来不敢想象婚姻一旦出现问题，自己应该怎样面对，就像一个孩子从来不敢想象父母一旦离开自己，自己应该怎样面对一样——在孩子（女人）的潜意识里，父母（家庭）必须存在，不能缺失（失败）。

2. 可以出现小问题，但不能有大闪失

女人深知“一个锅里吃饭，没有勺子不碰锅沿”的道理，并不祈求没有矛盾的婚姻，但女人缺乏对重大婚姻问题的应激心理准备和应对能力，承受不起毁灭性的家庭灾难。因此，出现丈夫出轨或婚姻解体这类打击的时候，女人是无力应对的。面对这种“灭顶之灾”，有的女人会选择极端的方式，甚至是放弃自己的

生命。

3. 把美好的想象当作未来的现实

这是女性突出的心理特点。也就是说，女人对未来婚姻生活的期许会远远高于婚后的现实生活情况。女人往往缺乏对婚姻问题的客观预期，只站在单纯、善良、美好且有点幼稚的心理层面上憧憬未来，把婚前感知到的恋爱情愫全盘移植到婚后生活场景当中，认为婚姻生活是和婚前被男朋友捧在手里、含在口里、捂在心里的感觉是一样的。

而男人进入婚姻以后，就像人类祖先一样，苦苦追逐的猎物已经到手了，需要彻底地“解放”一下自己，把婚前高度集中在女朋友身上的注意力放松一下。实际上，这种放松往往是带有情感感受转折性的，一般来说是不可逆的。男人也不是有意为之，他们并不知道这“一时的松口气”便是终生的“一去不复返”，结果给女人及家庭带来了那么多的强烈不适和严重影响。

一般来说，男人进入婚姻以后会有以下三种心理变化。

1. 她已经是我的了，没必要再劳神费力

“到手的猎物”心理是男人婚后的普遍心理，并不是不重视“到手的猎物”，而是不重视维护与“到手的猎物”的关系。男人（雄性动物）对没有到手的“猎物”深感兴趣，一心一意、铆足了劲儿要把“猎物”捕获到手。一旦捕获成功，“猎物”成了自己的囊中之物，男人（雄性动物）对该“猎物”的注意力就会迅速下

降。这种心理在自然界的雄性动物中普遍存在，作为雄性动物的男人当然也会有这种心理，只是程度不同而已。

2. 无力维持持久的“恋爱”

对男人而言，恋爱是分阶段和分步骤进行的，无力维持太久。坦白地说，男人的恋爱只为两性的结合而服务。所谓“两性的结合”，不仅指性的结合，也包括男女双方的精神、意志、支持、吸引等方方面面的结合。这种结合一般有两种形式，一种是婚姻，一种是不当两性交往（婚外恋等）。

男人的恋爱也往往是奔着这两种目的去的，一旦目的达到了，男人的恋爱任务就完成了。无论哪种目的的恋爱，满足男人的“功利”要求都是最基本的。以婚姻为目的的恋爱是男人为了获得情感、生理、亲子等一系列家庭关系利益而进行的恋爱；婚外恋是男人为了满足婚外生理、心理及情感抚慰而进行的恋爱，这是典型的基于男人自我满足目的的恋爱。而女人的恋爱一般只为婚姻服务，心甘情愿当小三的“恋爱”不是女人心悦诚服的恋爱，正常女人的恋爱基本都是奔着婚姻去的，会同时兼顾男人和家庭的利益。

男人不仅在婚内的爱情表达上维持不久，而且在婚外的“恋爱”关系上也维持不了多久。别看有些婚外恋会保持很长时间，实际上那并不是一种持续的恋爱关系，而是一种双方互惠的利益交换关系，这种关系只有婚外恋的双方心里有数。小三们曾误以为被男人深深地爱着，时间久了就会发现，男人只是在利用她们的感情和肉体，根本不想给她们“女人最想要的待遇”——婚姻，于是她们不得不把目标转向物质索取，以此来挽回自己的情感损失。

3. 兴趣点会从婚姻转向其他

别看男人婚前会把全部心思放在女朋友身上，婚后不一定也会这样。男人对婚姻的用心程度远不如女人，这应该是众所周知的。对男人而言，恋爱是一个概念，婚姻则是另一个概念，两者并不怎么搭界。女人则恰恰相反，女人希望和男朋友进入婚姻。对女人来说，不为结婚而交往的男朋友是一种尴尬蹩脚的存在。

婚前的男人也有迫切想把女朋友变成妻子的愿望，但一旦女朋友变成了妻子，男人对女人的感觉就会慢慢发生变化。“婚姻是爱情的坟墓”的说法并不是一点道理都没有，它确实是女人对婚姻的切身感受。因为男人进入婚姻以后，会把原先集中在女朋友身上的注意力逐渐转往别处。

当然，男人未必是有意地淡化婚内的情感，但很多时候女人会发现男人确实是放着家里的“香花”不闻不看，转去关注外面的“野花”。女人的这一发现都是从男人一些偷偷摸摸、藏藏掖掖、鬼鬼祟祟的小动作、小伎俩中获得的。这令女人很不解，因为多数情况下的“野花”根本无法与“家花”相媲美，男人为什么要顾此失彼地流连于那些层次不高、品位不端的“野花”呢？

说到这个问题就不能不提到“家花不如野花香”这句当玩笑说了几千年的非玩笑话。应该说，婚后的男人心里确实藏着很多小秘密，其中就包括“野花”与“家花”的竞争，只不过作为“家花”的妻子不知情罢了。当然，婚后的男人有些分神于“野花”并不意味着要背叛婚姻家庭，多数情况下只是思想走走神而已，确实不是什么“现实的罪过”。但这种“走神”充分说明了婚后男人的兴趣点发生了转移，转移的责任不在于女人，而是由男人自身的软肋导致的。

那么，男人的注意力到底在哪里？具体发生了哪些变化？

男女存在婚后心理差异的三个原因

我曾在 2006 年出版的《把脉婚姻》一书里做过这样的比喻：男女进入婚姻以后，就相当于走进了一个碉堡，女人喜欢关上所有的门窗，尽情地享受两个人的甜蜜生活，这是典型的女性心理；男性心理则恰恰相反，只要有机会他就会打开所有的门窗，尽可能地瞭望（向往）外面的花花世界，这是男女进入婚姻之后最大的心理差异。

为什么男女会有这样的婚后心理差异呢？

1. 注意力不同

这个原因前面已经详细说过。女人把婚姻看作是幸福生活的起点，所以会把过多的注意力集中在两个人的身上，对其他的事情不太在意。而男人只是完成了婚姻这个阶段性的任务而已，还需要对下一个或几个任务进行投入或准备，不会像女人一样，只把注意力放在婚姻家庭方面。

2. 角色定位不同

从传统文化观念上来说，男人始终把自己的责任和义务定义在挣钱和工作上，认为唯有这两项能够体现自己的价值。即便在外面挣不到钱，没有体面的工作，男人也要把自己装扮成忙忙碌碌挣钱和工作的样子，以此来体现自己作为男人的尊严和价值。

男人的这种大男子尊严意识根深蒂固，所以进入婚姻以后，他们希望迅速塑造一家之主的高大形象，让妻子知道自己正在为了家庭而努力。至于是真的去努力赚钱养家，还是仅仅做个样子、不让妻子看出自己的无能，这就因人而异了。有些男人是前者，有些男人是努力后失败变成了后者，有些男人连自己都说不清楚到底属于哪一类。

值得注意的是，结婚后把身和心都放在挣钱和工作上的男人，其两性关系的需求是一点儿都不会变少的。这里所说的“两性关系”重点指性生活。如果男人常年在外打拼或夫妻两人异地而居，男人不可能只工作不沾“腥”，能把生理情感放在家里就已经不错了。在外一边打拼一边调情的男人一抓一大把，这已是个不争的事实，以至于人们会把一个同时拥有成功事业和专一爱情的男人称为极品好男人。

3. 爱的压力不同

有的婚姻未必是因为爱而走到一起的，有可能是出于无奈，只能凑合在一起过，如年龄所迫、奉子成婚、玩感情或性游戏过了头而无法脱身等，两个人就“顺其自然”地走到了一起。无论男女，如果爱的程度比较低，婚后逃离的速度就会比较快，改变就会比较明显。但是，如果是男人爱女人比较多，女人或许会因为留恋家庭而维系这段婚姻；如果是女人爱男人比较多，男人一般不会被女人的爱所感动，反而更想迅速地逃离这个婚姻。

女人一旦决定嫁给一个男人，一般来说是会身心统一地去爱对方、爱家庭的，除非打心底里不爱对方。这种情况下，女人会很痛苦，要么选择不嫁，一旦嫁了就只能被动地等待命运了。所谓“被动地等待命运”是指，如果嫁了个好男人，女人会经过长时间的被关怀、被疼爱、被尊重、被理解，由不爱到被感动、有感觉、有感情，最后发展到爱或离不开对方。总之，女人的爱情是靠感觉的，可以实现由不爱到爱的转变，这主要取决于男人的所作所为。

男人就不同了。如果男人与女人的交往不是以爱（喜欢）为前提，而是因为在一起好玩、交往过头了不得不结婚，男人爱的压力就会很大。男人不像女人可以靠感觉来调整感情，如果一开始就不爱，只是因为生理或其他原因走到一起，即便女人对男人再好，也不可能改变男人对她的“爱”的感受。

所以，我经常劝那些玩婚外恋的男女，千万不要因为婚外情人而各自离婚走到一起。很多男人不是因为爱才和婚外女人交往，而是因为生理需求。男人很清楚自己的动机，只是敢做不敢言，对婚外女人直说不是因为爱而是因为性才在一起，就等于自掘婚外恋的坟墓。

女人是不可能知道男人的真面目、真动机的（男人有伪装性），在女人强烈的“爱”的要求与情感冲动之下，两个婚外的“恋人”完全有可能走到一起。然而，一旦进入这类婚姻，男人马上会出现逃离的状态。这是因为原本就不是真爱，一旦被逼入婚姻，爱的压力会让男人欲爱无力、痛不欲生、悔不当初。

可能大家会问，既然不爱，为什么要与对方结婚？这是因为男人是用“委婉”的方式表达爱与不爱的，即便不爱女人，男人也不会直接说出来。这和女人正好相反，女人不爱会直接告诉男人“我不爱你”。这是女人的特点，因为女人不怕伤及男人的自尊，但会害怕因为不爱对方而伤及自己，所以会直言对对方的感受。男人在与女人的交往中不会有被女人伤害的担心，所以即便不爱对方也会虚情假意地说“我觉得你挺好的”“我挺喜欢你的”，但真正需要表达爱的时候就会缺乏足够的动力。

正是由于这些虚伪的表达，有些男人会“被”假戏真做，也就是无法再更改、撤回在女人面前表现出的那些虚情假意。口头上说“爱”却不给人家婚姻，那到底是爱，还是不爱？无法自圆其说的男人只得无奈地“顺水推舟”，与对方结婚了。有些男人则深知自己的条件很一般，想找个自己喜欢、满意的伴侣并不容易，就和眼下这个比较“默契”的女人凑合在一起了。

这些被逼式、凑合式的婚姻对男人来说，爱的压力非常大——无法给予妻子真爱，但婚前对“爱”的表达未必不充分，婚后又无法直言婚前的“爱”是假的。这种两面派的做法，男人不可能维系太久，于是只能赶紧“逃跑”。

男女出轨是对婚姻的不满吗

当今社会的出轨问题可以说比历史上任何一个时期都猖獗，有些人甚至说："有条件的男人会出轨，没有条件的男人创造条件也要出轨。出轨行为已经到了家家自危、人人可能的地步，甚至于谁要不出轨，这辈子就白活了一样。"

这话显然过于极端和悲观，但也说明出轨这一现象确实太普遍了，甚至有见怪不怪、习以为常的趋势。当然，这是站在局外人的立场上看待别人的出轨。如果是自己或自己的配偶出轨，那就是截然不同的另外两种感受了：自己出轨，只是一种做贼的心态（男女会有所不同）；自己的配偶出轨，那就是天崩地裂的感觉了。

你身边有多少人在出轨

这其实是个十分荒唐的问题，不可能得到准确的回答。中国婚姻咨询救助网曾在网上和街头做过无记名调查，但均以失败而告终，没有得到一个有效的回复。于是，他们在公司内部做了一次匿名问卷调查，让每个员工把自己的社会关系列成一个清单，标注出其中出轨的人，结果令人大吃一惊——每个员工都能报出10个熟悉的家庭，而标注出的出轨人数均在6至8位，也就是说10个家庭中6至8个家庭有出轨现象。由于采集样本太少（20多位员工），这个调查数据并未公布，但样本再少也有个相对比例，从统计学概率上来讲也具有了一定的说服力和代表性。

到底有多少人在出轨，有多少家庭涉及出轨，确实是个无法统计的数字，但就大家自己的生活感悟和交往体验而言，身边出轨的人应该为数不少。最为普遍的出轨现象就是用权力和金钱换取不当两性关系，比如位高权重的人（男人居多）和下属或有求于其的异性保持长期两性关系。这种关系算不上是婚外恋，而是一种相互利用的关系。一般来讲，周围的人都知道这对男女的事，只有这对男女的家人蒙在鼓里。只要蒙在鼓里的家人不知情，大家就都相安无事，没有人会去管这个闲事（比如主动告诉他们的家人）；一旦这对男女的家人知道了，这两个家庭的好日子就到头了。

一个事业单位的科长老王，今年45岁，官位小到只管着几个临时清洁工，但也算是手下有兵的小将。30岁出头的漂亮清洁工筱筱到单位后，备受老王的关照，什么重活、苦活、累活都不让她干，只需她做点上传下达的工作。一开始筱筱不知道老王在打歪算盘，对他的关照十分感激，但也觉察出老王对自己比较特殊，还觉得挺不好意思的。

过了一段时间，老王逮着机会就对筱筱动手动脚，先是拍拍她的肩膀，看她的反应不强烈，就进一步抓抓胳膊，就像有句玩笑话说的“先抓手，后摸肘，顺着胳膊往下走”，最后就变成有意无意地拍一下筱筱的屁股。筱筱这才明白过来自己被上司骚扰了，便主动要求去做别的工作，再不敢到老王的办公室了。但老王不死心，认为只是时机不够成熟，于是加倍关照筱筱，同时用微信不停地给她发黄段子、视频。筱筱不堪其扰，直接辞职离开。

按说老王在筱筱这儿吃了个闭门羹应该有所收敛，但他不达目的誓不罢休，年轻的筱筱攻不下来，就朝年纪稍大点儿的刘薇使劲了。没出半年，刘薇就被他的各种关照“拿下”了，并保持了两三年的不当关系。刘薇的丈夫发现后揍了老王一顿，还闹到单位“罚”了他几万元。

据说，老王分管后勤工作后就一直没闲着，用手中的这点权力不停地“关照”有点姿色的清洁女工，被他骚扰的清洁女工不下十几个，得手的也有四五个。他在这个岗位上自觉春风得意，占尽便宜，把手中的这丁点权力发挥到极致，充分享受着权力换美女的甜头。

其实，了解老王家庭的人都知道，他的家庭关系非常美满，有个很好的妻子，从来没听说闹过矛盾，孩子也很有出息，靠自己的努力考上了国内一所名校的本硕博连读，大家都十分羡慕。既然老王的婚姻家庭很幸福，不存在什么大问题，为什么他还总是出轨呢？

男人出轨的三个主要原因

1. 生性花心

男人出轨不能说完全和家庭关系无关，但家庭关系确实不是导致男人出轨的主要原因。从国外大量的统计数据和资料来看，男人出轨与其生性劣根性有很大的关系。

在男人花心这一生性劣根性方面，国内相关的理论和实验数据几乎是空白，但国外的理论研究和数据资料是非常充分的，最有代表性的是美国当代人格心理学界的领军人物戴维·巴斯（David M. Buss）的进化论学说。

戴维·巴斯在《进化心理学：心理的新科学》一书里写道，从人类进化的角度来看，男人和其他雄性动物一样，为了更多地繁衍自己的后代，会不遗余力地与不同的异性交配。因为远古时期的人和动物没有太大区别，幼儿很容易因疾病死掉或被其他动物吃掉，所以雄性动物（包括男人）需要占有更多的异性来保证后代的存活率。这一生物生存和进化的基本法则经过几千万年的衍变，便形成了男人喜欢和不同的异性发生性关系的劣根性。

1987 年，美国心理学家克拉克（R. D. Clark）和哈特菲尔德（E. Hartfield）在一所大学里进行了一项有趣的实验。他们让一个相貌中上的男生拦住路过的女生问：“晚上能跟我一起出去吗?”“愿意来我的房间吗?”“想跟我上床吗?”被问到的女生没有一个愿意做出回答，都是迅速就离开了。然而，让一个长相一般的女生问路过的男生同样的问题时，几乎全部男生都给出了肯定的回答。

后来，他们让几个男生佯装挑逗一个有严重智力残疾的女孩，尽管没有真正的肢体接触，但这个女孩还是被吓得捂着前胸到处躲藏。而让几个女生路过似的走到一个有严重智力残疾的男孩面前时，结果却是这个男孩追着这几个女生四处奔跑，并且做出的下意识的动作带有明显的攻击性和挑逗性。

从这两个实验中不难发现，男人的出轨冲动及对女人（甚至是陌生女人）的性欲望与女人的出轨冲动及对男人的性欲望完全不是一个概念，从生理本性上来说几乎是背道而驰的两种属性（下节会解释这个问题）。

2. 人格不健全

很多人没有意识到男人出轨是因为人格存在缺陷。当然，人格完全健康的人是少数，大多数人或多或少都会存在人格方面的瑕疵，比如性格比较偏激，情绪有时难以控制，有些自以为是、以自我为中心等。如果程度再严重一些，就会构成人格缺陷了。

比较严重的人格缺陷主要有三种类型。

（1）反社会型人格缺陷

主要表现为做事随心所欲、没有规矩、不考虑后果，甚至冲动、易怒、好斗等。一般来说，这种人对家庭缺乏责任感，冲动过激的行为经常给自己、给他人、给家庭造成严重的影响和危害。

（2）回避型人格缺陷

主要表现为过分胆小怕事，因为害怕被拒绝、被批评而回避他人。害怕在亲密关系中被羞辱和嘲笑，不会与别人保持密切的关系，除非确定对方很喜欢自己。有很强的自卑感，总是觉得自己一无是处，在人际关系中总是保持沉默，基本上不参加任何社交活动。

（3）边缘型人格缺陷

主要表现为对任何事情都很拼命，以求不被别人看不起、不被别人抛弃，这与回避型人格缺陷的表现正好相反。人际关系极不稳定，不是把别人理想化，就是诋毁别人，态度反差巨大。情绪极度不稳定，空虚感强烈，易生气或发怒，做事毫无计划、毫无章法，在压力作用下会变得偏执、抑郁或出现精神分裂等。

这些人格缺陷最终都会与男人的（出轨）劣根性相关联，当然并不是说出轨的男人一定会存在人格缺陷，但人格有缺陷的男人基本上都会存在出轨问题。有些男人的出轨确实是因为一时冲动，没有控制好自己的生性劣根性所致，经过一段时间的心理冲突或被家人发现进行调控之后，还是能够吸取教训、改邪归正的。但人格不健康的男人的出轨往往具有持续性和一贯性，改变起来非常困难，这是由前面所列举的那些人格缺陷所带来的冲动性、自私性和狭隘性决定的。人格不健康的人基本上无法靠意志力或道德感去指导自己的行为，只能在不健康的“本我”（人格）推动下去行动。

美国当代人格心理学界的另一位领军人物兰迪·拉森（Randy J. Laresen）是华盛顿大学的心理系主任，主要研究人类的价值与道德体系。他在《自我与人格》一书里写道，一个人的价值体现在对自我的完善、对他人的保护和对社会的贡献等诸多方面，不顾及对他人及社会的影响，只为满足自我私欲（包括性欲）的行为是人格不健全的表现。

兰迪·拉森的观点对人格心理学和婚姻心理学有着非常积极

的指导意义，提示人们要加强对健康人格的培养，否则会给自己及婚姻家庭甚至社会造成极大的影响。需要注意的是，人格一定要尽早培养。一般来讲，青少年儿童时期是人格发育健全的最佳时期，过了这个时期，人格将趋于稳定。此后，健康的人格会推动个体顺利地完成学业、实现就业、广泛社交、走入婚姻并享受和谐健康的家庭生活，但有瑕疵或缺陷的人格将影响个体的上述发展，直至出现一系列心理问题导致各种人生灾难，在婚姻关系中往往表现为频繁出轨、家暴等。

3. 环境影响

男人出轨与其所处的环境有很大的关系，无论是其原生家庭环境，还是其人际交往环境。

婚姻心理学的相关研究显示，成长在健康的家庭环境中的孩子，长大后出轨的可能性相对较低；而成长在不健康的家庭环境中的孩子，长大后出轨的可能性非常高。这是因为人格与心理的发育与成长环境密不可分，健康、快乐、阳光、和谐的家庭环境一定会造就人格与心理健康的孩子，而不健康的家庭环境极易塑造出人格与心理不健康的孩子。父母是孩子的第一任老师，孩子的成长与父母潜移默化、言传身教的教育有直接的关系，父母怎么做，孩子就怎么学。如果父母存在对婚姻、家庭、孩子不负责任的言行，孩子长大了就会进行自动复制，无意识地模仿父母的做法去对待自己的婚姻、家庭和孩子。

美国著名的人际关系和情感问题专家约翰·格雷在他的代表作——《男人来自火星，女人来自金星》一书里写道，婚姻、两性及家庭关系中发生的各种各样的问题，90%与过去的成长经历有关，几乎都是小时候家庭环境给自己带来的那些影响和问题的翻版。

然而，很多家长认为孩子还小，什么也不懂，家长的一些缺点或家庭出现的一些问题不必顾忌孩子，这就大错特错了。环境尤其是家庭环境对孩子的成长具有非常深远的影响，父母必须注意自己的言行，必须调整与保持自己的人格与心理的相对健康，否则，不仅会给自己带来不幸，更可能把自己的不幸复制给孩子。

举个最常见的例子。孩子想要一个非常昂贵的玩具，家长觉得没有必要买这么好的玩具，就会指着那个玩具告诉孩子："其他的你想要什么都行，就是这个不能买。"孩子可能会选择别的玩具，也可能会哭闹着坚持要买那个昂贵的玩具。无论这次有没有买其他的玩具，只要家长没买那个昂贵的玩具，孩子就会对家长所说的"就是这个不能买"留下记忆，这就是"暗示性注意"。孩子长大后再看到那个昂贵的玩具或类似的东西，就会仔细观摩甚至买回来收藏。因为孩子对不知道的事情，尤其是家长暗示"你不能知道"的东西会特别注意，以后再遇到同类事情就会勾起当时的记忆，就一定会去搞明白家长那么说、那么做的原因。

又比如，父亲有外遇后，觉得孩子还小，什么都不懂，就当着孩子的面跟其他女人电话聊天。虽然孩子当时搞不清是什么状况，但那种躲躲闪闪、含糊其辞的暧昧言行就会成为一种暗示，在其记忆中留下痕迹。一次暗示可能问题不大，这时在孩子记忆中的“注意”是“短时注意”，如果同样的暗示性言行不再出现，“短时注意”也许会逐渐消失，但如果之后经常出现类似的暗示性言行，孩子记忆中的“短时注意”就会转换为“长时注意”或“永久性注意”，即便孩子依然搞不懂父亲的言行意味着什么，但这个事件会成为一个重大的心理影响植入孩子的潜意识中，孩子长大后遇到类似的事件，就一定会去亲自实践（暧昧或出轨），以探究当年父亲言行的“奥秘”。

对于环境影响的概念大家最熟知的是“近朱者赤，近墨者黑”。其实，成年人还有一个受环境影响的重要心理现象，那就是“窥探心理”。比如，遇到一个场面惨不忍睹的车祸现场，大多数人看了以后会不舒服，内心却仍想看个究竟，于是处在想看又不敢看的矛盾心理状态之中。又如，几乎每个城市都有一档夜间情感谈话节目，其实大家都觉得这类节目很低俗，甚至骂这类节目变态，但仍有人一边骂一边听，这是因为里面的故事光怪陆离，满足了其猎奇心理。

也就是说，人们对负面的、隐私的东西，虽然很反感，但会有种窥探欲，就想知道这些不好的东西到底是什么样。假如一个人格健康的男人周围充斥着嫖娼、养小三的狐朋狗友，那对这个男人的影响一定小不了，一旦遇到合适的机会，他就有可能去尝试那些出轨行为，这就是人际交往环境带来的影响。

女人出轨的三个原因

女人出轨的性质和男人不同，不会为了单纯满足生理本能而出轨。现实生活中确实存在女人因为得不到丈夫的生理满足而出轨的行为，但这种行为一是极其少见，二是不会成为惯性、持久的行为，女人尝试几次之后，也会彻底否定自己的这种出轨行为。因为女人从生理本能上来说，不是以性为不可或缺的目的才可以生存的“动物”，这一点和男人不同。女人离不开的是情感，没有情感的、纯生理方面的满足对女人的意义不大，甚至会成为一种伤害。

很多人会拿性工作者为例来反驳这种观点，但实际上性工作者并不是因为喜欢生理满足才去从事性工作，而主要是为了钱，有的是要养家糊口，有的是想挣更多的钱。世界上几乎没有卖淫不要钱的女人，却有很多嫖娼不想付钱的男人。上面提到的克拉克和哈特菲尔德做的两个实验也充分说明了男女在性心理方面存在着巨大的差异，即便在心智不健全的状态下，女人也是本能地退缩和寻求保护，而男人却是主动地进攻和实施骚扰。

女人很难只为了满足生理本能而出轨，但现实生活中存在着大量的女性出轨事实，原因主要有以下几个方面。

1. 婚内爱缺失

从结婚的那一天开始，女人就把自己的婚后生活想得很美好。这种想象不完全来自女人的生理心理本能，更多的来自婚前的参照。女人是靠感觉去揣测未来的，有了婚前被爱、被呵护的切身感受，才会决定结婚，无论如何也想不到婚后的他会和婚前有如此大的差别。前面已经讲过，男人有其特殊性，在进入婚姻之后会有比较明显的变化，但女人很难理解这种变化。“你还爱我吗?”这几乎是所有女人在婚后会提出的疑问，只不过有的问得早点，有的晚点，有的激烈一点，有的婉转一点。

其实，女人最害怕的是被欺骗，就想让男人实话实说，如果不爱了，自己可以离开。然而，有的男人对此无法给出明确的回答和解释，往往既不说不爱，也不认真说爱，只是说和过去没什么两样，还找出一大堆理由说明大多数男人婚后都没有时间去表达爱。男人越是这样，女人越是觉得男人有问题，解不开的谜团和挥不去的疑问就会逐渐增多。

有时，女人也会按照男人的说法去想象他们有太多的事情要去做，然后安慰自己他们确实是没有时间关注自己，但日子却越过越不对劲。因为女人会逐渐感觉到男人不是没有时间和机会关注自己，而是根本就不想关注自己。

女人常常会怀念恋爱时期的甜蜜：距离自己的生日还有半年，男人就开始秘密策划浪漫的生日 party；遇上一个自己都不知道的节日，男人会拿出早已准备好的礼物制造一个突然的惊喜；自己一个人在外办事，男人就提前查好路线，随时嘘寒问暖……诸如此类的用心，在婚前比比皆是，让女人真心感觉到自己是在他的精心呵护下过着幸福的每一天。

进入婚姻以后，“生日节日年年都有，不用那么费心了吧？”“你自己不会查吗？你又不是小孩子。”那些浪漫和贴心逐渐被男人的不重视和不耐烦所取代。“女人一生最幸福的时候是在婚前谈恋爱的时候”，成了大多数已婚女人的心声。

一年、两年，怀孕、生产，孩子小，孩子长大……女人总是期待用时间的流逝或者生活内容的充实来促成男人的改变，但左等右盼也没能等来自己丈夫的改变。情感的失落与空寂开始摧残女人，令她们变得敏感多疑、心烦意乱，这个阶段的女人脸上会写着四个字“愤怒怨恨”。

能怨谁呢？只能怨自己命不好，有婚姻没情感，有男人没丈夫，种种负面情绪会借机发泄给“麻木不仁”的丈夫和少不更事的孩子。但这一“招”不会有任何作用，原因是男人根本就不接这“招”。女人的发泄和男人的解释总不在一个层面上，就好像女人想伸出拳头打男人一拳，却总被男人的太极轻松地推了出去。

女人这时是想向男人要多少物质、情感吗？还真不是！女人就是想向男人要重视，想要男人给自己一点点关怀和温暖。其实，男人心里很清楚女人想要什么，但就是坚持不给。男人不给的目的是想让女人死心，不希望女人以后总缠着他。如果这时接了女人这一“招”，那就说明男人既有时间也有感情，接下来就得把全部感情给女人。

男人是在用打太极的方式告诉女人，自己的心在事业上，对女人想要的感情没时间表达，对家庭的关心没机会付出，甚至对女人的生理要求没时间应付，而这一切的责任不是自己变心了，而是自己太忙、太累、太辛苦了。

时间久了，女人也会看明白这一点，那怎么办？男人就是不给了，自己或者守着这个无爱、无情、无性的婚姻，或者离婚走自己的路，这对女人来说是最困难、最残酷的选择。在这最失落的时候，女人出轨的危险就产生了。这时的女人变成了一个“有缝的蛋”，很容易被“苍蝇”盯上。

大多数婚内出轨的女人都有这种经历和感受——在丈夫这里想要的，怎么努力都得不到；在别的男人那里不想要的，人家却上赶着给予，久而久之，自己就出轨了。女人太想要被关爱、被重视、被呵护，遗憾的是，这一切有些丈夫是统统不给的，硬生生把妻子逼出了轨。

2. 欲望过高

女人的欲望主要有三种。

（1）婚姻幸福的欲望

这几乎是每个女人都有的，属于健康的欲望。

（2）攀比的欲望

别人比自己的条件好，心里就不舒服，产生攀比、嫉妒的心理。这是一种亚健康的欲望，不能说完全不健康，有时也会出现因差距而知不足，不断努力以缩小差距的积极状态。

（3）被关心、被疼爱和被喜欢的欲望

这种欲望主要针对丈夫和家人。当得不到满足的时候，这种

欲望并不会降低或消失，而是会被压抑成为变形的摄取欲，如购物欲、纵食欲、节食欲、过度美容欲等。这种变形的欲望是不健康的。

无论哪种欲望，如果始终得不到满足，就有可能导致女人出轨，而在婚姻方面得不到满足的女人是最容易出问题的。当然，并不是说婚姻不幸的女人会马上出轨，一般都要经过很长一段时期的苦苦挣扎、努力无望之后，在婚姻前途渺茫的情况下，遇到其他男人伸出“橄榄枝”或“救援之手”，才极有可能红杏出墙。

即便女人知道“橄榄枝”可能带刺，甚至“救援之手”是双脏手，但飞蛾之所以扑火是因为它太需要温暖、太期望阳光了。女人明知道前面是个火坑，但毕竟对方是以爱的名义、关怀的姿态、温暖的形式来拥抱缺爱的自己，即便是被对方欺骗了，女人也无怨无悔。

其实，女人的欲望弹性是很大的。除了与他人物质生活差距的攀比欲望难以平衡之外，其他欲望的强度都会因丈夫的态度而改变。丈夫的心在家里，在妻子、孩子身上，女人的第一种和第三种欲望几乎可以降为零，幸福感会很强。丈夫的注意力放在外面，女人的这两种欲望就会产生极强的破坏力，首先是伤及女人自身，接下来会伤及家人。受伤的女人一旦遇到巨大的诱惑（即便是欺骗），不是不知道危险，而是顾不上危险，甚至是带有自虐的心理，故意去触碰婚外情，以此报复丈夫、惩罚自己。

3. 高压强迫

职场有很多的压力、诱惑和强迫。想要获得很好的发展，不仅需要自身的努力，还需要有一定的社会关系及上司的提携帮助，方方面面缺一不可。不仅男人如此，女人也是如此，甚至更甚。除非女人不想花费太多太大的心思在职场上，否则更容易面对许多意想不到的压力、诱惑，甚至是强迫。

各方面条件都很好的政法机关女干部尤菱是一名法学硕士，今年刚刚32岁，长相出众，家庭更是幸福和谐，丈夫孩子都非常优秀，一家人其乐融融、幸福无比。但尤菱有一件令她非常头疼的事——她的领导洪伟已经和她保持了半年之久的婚外情，这是任何人都想不到的事。洪伟比尤菱大23岁，原本在她心里是非常高大上的人物，既是法学博士后，又是单位一把手，整个系统没有不佩服他的，可她万万没想到这样一位德高望重的领导会把手伸向她。

这事说起来话长。尤菱刚被分配到单位时，洪伟是另一个部门的处长，虽然不在一个处室，但对她处处关心，经常跟她聊天，关心她的业务和成长。洪伟晋升为单位的副总后，对她的关心只增不减，那时她是备受感动的，得到领导的赏识是多少人梦寐以求的事情，自己一个小兵竟然有这么好的运气。

当然，尤菱知道自己的漂亮起了关键的作用，但她怎么也没想到领导会和她发展成情人关系。其实，洪伟几年前就暗示过她，但她一点儿都没往那方面去想，只当是多年习惯了的爱护和帮助。有一次，洪伟带她参加一个饭局，趁没人在包间外拥抱了她，她当时有点惊讶，但还是没往坏处想，直到半年前跟着洪伟出差，事情发生了翻天覆地的变化……

尤菱非常痛苦，不知道该怎样应对，更不知道该不该告诉家人。她的压力非常大，出现了严重的失眠、注意力不集中、动辄心悸烦躁的症状，感觉已经不能胜任工作了。她知道这件事不能告诉外人，但只靠自己又无力摆脱洪伟的纠缠，整个人处于生不如死的状态，碰到一点小事就战战兢兢、语无伦次，最终患上了严重的抑郁症，美好人生戛然而止。

虽然尤菱的行为也是出轨，但她的出轨行为是被动的，只是迫于淫威和压力。当然，有人会指责尤菱，如果她明确拒绝，领导也不会硬来。在整个事件过程中，不能说尤菱一点儿问题也没有，但造成她出轨的主要原因无疑是男人的引诱、高压甚至是强迫。这种事情在现在的职场上绝不是个例，女人往往是被强迫的一方。

纵观男女的出轨行为，不难发现，男人的出轨基本上与婚姻幸福与否无关，而与男人的私欲和人格有关；女人的出轨多半与婚姻幸福与否密切相关。婚姻幸福的女人，除了像尤菱这样由于高压强迫而被动出轨以外，基本上不会有出轨行为。

值得一提的是，男人出轨后，很少有被出轨事件搅得痛不欲生、死去活来的，更少有主动对外求助的，几乎都是出轨男人的妻子到处寻求帮助，痛苦的不是男人而是女人。而女人出轨以后，没有几个是幸福的，不是自己的家庭不幸，就是自己被婚外情人伤害，或是自己痛苦烦恼，无法走出出轨带来的阴影，同时会积极地对外寻求帮助。

从这个层面上大家也能看出来，到底出轨是出自男人的本意多，还是女人的本意多；是男人受伤害多，还是女人受伤害多。这是个原则性问题。

婚姻对男女分别意味着什么

女人一直搞不懂男人是怎样看待婚姻的，男人也一直不愿意去搞懂女人为什么如此重视婚姻。婚姻是男女自愿组成的结合体，但为什么男女对婚姻的态度会有如此大的差异？

男人把婚姻看作一份养家的责任

大家可以大胆地想象一下，一个男人在一年之内和 100 个女人发生关系，结果会是什么？结果是这 100 个女人会给这个男人生 100 个孩子，如果条件允许，这个男人可以养着这 100 个女人、100 个孩子，相当于拥有了 100 个家，这就是男人的皇帝梦。

再来想象一下，一个女人在一年当中和 100 个男人发生关系，结果又会是什么呢？结果是这个女人只能生一个孩子，而孩子的父亲是这 100 个男人吗？当然不是，孩子的父亲只能是这 100 个男人当中与孩子有血缘关系的那一个。

两个同样条件的假设，结果迥然不同。男人可以得到 100 个妻子、100 个孩子，而女人只能得到一个孩子。100 个男人对女人并不重要，最重要的是她自己的孩子。女人会关心孩子的父亲是谁，一定要找出这个与自己孩子有血缘关系的男人，并把他看作是天经地义的自己孩子的保护者。

因此，女人更多的是从孩子的角度来看待婚姻和家庭。对女人来说，孩子是第一位的，孩子的生身父亲和她一样对孩子具有同样的责任和义务。正如俗话所说："女人的心里只装得下一个男人，而男人的心里可以装下无数个女人。"

在男人的眼里，女人和婚姻的界限并不清晰，只是无证和有证的区别。男人也会为婚外女人付出巨大的成本或者说是责任，比如大把大把地花钱，买房、买车、买包包。如果婚外女人为其生了孩子，男人更是会像对待自己有证的婚姻一样，为其负担生活开支。在男人的潜意识里，只要是和他有性关系的女人都是他的，都应该得到他的关照，反倒是有证的婚姻会占据下风。

这是因为婚外女人受身份和地位的限制，一般不会主动攻击男人的家庭和原配，但妻子不会像小三一样给男人好脸色，也不会对小三仁慈客气，这就引起了男人对妻子的反感和对小三的同情，情感的天平很容易倾向小三。即便如此，男人对婚外女人也只是尽到"养"的义务而已，并不是什么感天动地的真爱。只不过男人认为婚外女人也是他的女人，他不养谁养，别人愿意养他还不愿意呢。

一般来说，出轨的男人不会认为自己对家庭不负责任，而会认为是妻子硬生生地把自己推出去的，自己本意是要对家负责，但妻子总是对自己不满，只让自己围着妻子、围着这个家转。而这恰恰与男人的欲望本意背道而驰。所以，无脸正面抗争的男人只能像个一直被训斥的孩子一样，对自己在家庭中的角色产生逆反心理，尽可能地在外面瞎混或常去小三那边尽“义务”、找温暖。

男人不善于在婚姻中全面体会和享受亲情，当然这只是针对低情商的男人而言。但在现实生活中，情商高的男人是少数甚至是极少数，大多数家庭面临的困惑和问题就是男人不愿享受其乐融融的家庭气氛，回到家里就摆出一副大男人的架势，不愿跟妻儿老小亲近。这令女人很不理解，男人臭摆谱是为了什么呢？难道非要让妻儿老小像外人一样去恭维他才高兴吗？

其实，男人就是想证明自己在家庭中的地位，想让家人都恭维尊重自己。有些男人在单位得不到充分的尊重和认可，回到家就要摆出一副臭架子，换句话说就是一定要在家里找回平衡。因此，就用一种清高傲慢的态度来对待家人，潜台词就是告诉家人：“我为这个家做出了巨大贡献，我是有功之臣，大家心里得有数，别拿我不当回事。”这就是低情商男人惯用的伎俩，以证明自己对家庭是有贡献的。殊不知这样做会让家人非常郁闷，把家庭气氛弄得极其沉闷。

高情商男人的做法正好相反。无论在外有无地位，在家里总是把自己的姿态放得很低，不在意谁的地位高于自己，非常注重家庭气氛的融洽，即便自己在外面很辛苦，回到家里也会充当小兵，始终一张笑脸、一团和气，把最深沉的爱和最体贴的关怀全部送给妻儿老小，不会有一点儿怨气。

这是因为高情商男人不觉得自己为家庭多付出了什么，反倒认为家人尤其是妻子付出了更多，总是怀着一份感激之情。这样的男人能不受到家人的尊重、理解、拥护和爱戴吗？别说他回到家里想摆臭架子了（高情商男人绝对不会有这种想法），就是他不想摆架子，家人也从心底里高看他一百眼，在家人心目中他的形象永远都高大上。

女人把婚姻看得高于一切

女人看待婚姻与男人有很大的不同，如上所述，是以孩子为中心来看待婚姻的。女人在历经了十月怀胎以后才生下了自己的孩子，孩子从母体分离出来的那一刻，女人会实实在在地感受到孩子是自己身上掉下来的肉，而男人没有办法体会到这一点。“女人用了十个月才做了母亲，而男人只用了十分钟就做了父亲。”虽然这是句玩笑话，但确实有一定的道理。

女人在对待孩子的问题上也与男人有很大的差距。女人在嫁给男人的时候都希望自己得到一生的幸福，但自从有了孩子，这种想法就会有所改变，一切都会从孩子的角度去考虑，自己的幸福似乎就变得不那么重要了，自己的利益也考虑不到那么多了，自己过去的很多愿景也顾不上去实现了。而男人该喝酒喝酒，该应酬应酬，该出去玩出去玩，甚至该找别的女人找别的女人。但女人不行，女人有了孩子以后什么都可以不做，唯独不能不管孩子。当然，也有像女人一样爱护关心孩子的男人，但毕竟是少数，就像也有少数女人不爱也不关心孩子。

在对婚姻的责任与义务表达上，男女依然是有差别的。男人一直强调自己是为了养家而在外面打拼挣钱，这虽然是事实，但未必没有夸张的成分。至少在当前的城市家庭中并不存在明显的男女谁养家的问题，说白了男女都有工作，都在养家。即便是农村家庭，男人在外打工，留守妇女依然担负着繁重的家务和农活，担负着抚养子女、赡养老人的义务，她们的付出一点儿都不比男人少，甚至比男人付出的更多。

但在男权意识严重的当下社会，普遍存在家庭的财富主要是由男人创造，家庭的消费主要是由女人花销的观念，一挣一花，把男女对家庭的责任和义务进行了截然的区分，男人好像就是在为了养家而挣钱，女人似乎就是在为了养家而花钱。

在这种观念的影响下，女人成了婚姻的“雇员”，婚姻成了女人的“主人”，无形当中女人就形成了以下三种认识。

1. 婚姻是女人赖以生存的基础

婚姻是女人赖以生存的基础，不仅农村妇女会有这种意识，绝大多数的城市女性也有这种想法。这是在中国几千年的男人养活女人和家庭的农耕社会生活中形成的。即便是在男女就业相当均等的当下，社会依然把男人看成是家庭财富的主要创造者，女人对自己的财富创造能力依然不够自信，即便自己也从事着劳动甚至是繁重的体力劳动，内心深处还是感觉比不上男人。城市职业女性之所以也有这种意识，是因为男高女低的收入结构仍未改变，女高男低的情况毕竟是少数。

因此，女人在经济上依赖男人依然是当下社会的主流意识。这样一来，女人要想获得稳定充足的生活保障就必须依赖和服从男人，婚姻自然成了女人必须要维系的自己及孩子赖以生存的前提和基础。

2. 婚姻对孩子意义重大

女人在面对婚姻打击的时候，首先要考虑和保护的不是自己，而是孩子。即便自己有再多的难处，再多的不情愿，再多的怨恨和烦恼，女人都不希望孩子受到自己不幸婚姻的影响。这也是女人不幸婚姻中最大的心痛之处，几乎每个遇到婚姻灾难的女人都有这种心理——离了婚孩子怎么办？自己再难也不能让孩子没了家！

女人愿意牺牲自己的幸福替孩子做最周全的打算，用自己的一切来换取孩子的安全和保障，绝不会让孩子受到委屈、经受磨难。实在没有出路的时候，女人会放弃自己的底线甚至原则来为孩子保全一个看似完整的家，这种情况非常普遍。为什么说母爱很伟大？母爱说到底就是一种牺牲精神，宁肯牺牲自己的生命也要换回孩子的一切！

母爱的展现还有另外一种情况。当女人遭受婚姻情感伤害，经再三努力都无力挽回男人冷酷的心的时候，个别意志力薄弱的女人会选择极端的方式予以抗争，比如自杀。有的女人甚至会带着自己幼小的孩子一起寻短见，这是为什么呢？

其实，这类短视的女人也是为了自己的孩子着想，不想让孩子因为没有了她的保护而落入无人管的境地，不能因为自己遭受到了婚姻的灾难而让孩子的一生受到牵连，某种意义上也是女人为了“保护孩子”的一种极端心理。

3. 女人的婚姻不能推倒重来

男女都需要婚姻和家庭，但男女对婚姻家庭的重视程度存在一定的差距。当然，不能否认也存在很重视婚姻家庭的男人，但从整体数量上来讲肯定和女人无法相提并论。女人对婚姻家庭的重视程度可以用“珍视”来形容，不关心家庭的女人是极个别的。

男人没了婚姻一定会再找，因为男人离不开女人；女人没了婚姻不一定非得再找，因为女人惧怕再次被伤害。从离婚以后的情况来看，男人离了婚，可以马上再结婚，第一天离婚，第二天就可以再找，第三天就能领回家；女人离了婚，别说第二天、第三天，就是一两年后能否走出婚姻情感的阴霾也很难说。即使离婚后的生活有很多不便，但因为惧怕再被婚姻伤害，女人宁肯带着孩子单过。如果再出现一个追求者，不经过较长时间的充分了解，女人是很难与其走进婚姻的。

男人对更换不同的女人（妻子）并不反感，而且遇到不顺心的婚姻或难以排解的婚姻困惑时，是能完全不顾及过去的情分的。所以，男人不怕失去婚姻，没了就再找，这是男人的普遍意识。女人则恰恰相反。女人特别反感更换不同的男人，从潜意识里就无法接受这种想法。女人的特点是怀念旧情，当夫妻两人遇到矛盾时，女人善于回忆男人过去的绵绵情意，怎么都不愿相信那些情真意切的过往会一去不复返。所以，女人害怕失去婚姻，因为珍视所以谨慎，不到万不得已，不会轻易放弃婚姻。

此外，一想到失去婚姻的孤独生活，女人的第一反应是惊恐和害怕，若是考虑再进入一段婚姻，那更是不可想象的事情。再找一个丈夫意味着重新适应、重新接纳、重新建立信任感和安全感，这对女人来说是再头疼不过的事了。但对男人来说这不是问题，男人喜欢新鲜和刺激，越是不熟悉、不了解、不认识的新人，男人的感觉就越好。所以，女人会拼命保护自己已经建立的婚姻（哪怕是千疮百孔的婚姻），无论花多大的代价都不想推倒重来，这是女人对待婚姻的普遍态度。

总之，男女对婚姻的态度确实有很大的差异。解释清楚这些差异的目的，是为了让婚姻中的彼此更清楚地了解对方、知晓自己。只有男女之间相互理解，才能做到夫妻之间相互尊重，这是解决婚姻问题的前提。

第2章

婚姻中的男人真的容易做这些事吗

男人都喜欢拈花惹草吗
男人眼中的性是什么样的
男人出轨时为什么不会考虑婚姻

两性问题永远是男人的软肋，这是任何一个男人都无法回避的。男人聚在一起的时候会毫不掩饰地说起这些事情，比如张三刚认识了一个网红啦，李四又换了个小三啦，王五天天泡夜店啦……并且说得津津有味，甚至沾沾自喜。但男人不会主动说起自己和妻子的事，男人会觉得“自家的事”没劲儿，说出来也没人愿意交流，只会让自己成为冷场王。这种窥探其他同性与异性之间的（性）关系的心理出于男人的生理本性。

男人都喜欢拈花惹草吗

对于这个问题，男女的认识有非常大的差距。每个男人都非常清楚，几乎没有不好色的男人。如果哪个男人说自己不好色，不想拈花惹草，其他男人听了就会嗤之以鼻，在心里骂道“少装蒜吧”，而女人听了一定会认为这是个好男人。

那么，实际情况是什么呢？我可以负责任地告诉大家，男人说自己不好色，这话未必是真话。男人是不可能对妻子实话实说的，那不成“缴械投降”承认自己龌龊吗？对于“性”这个问题，男人对外（尤其是对异性）只能掩饰和说谎。

男人生来爱撒谎

如果说男人都爱撒谎，有的女人肯定是不认同的。因为她们见过很多实在的男人，既真诚又厚道，绝对是不会撒谎、老实可靠的好男人。嫁给这种男人的女人更有这种感觉：“我家那位就是太实诚了，一句谎话都不会说，别说是好色了，就连见到陌生女人都不敢正眼看一下。”诸如此类描述男人“胆小”“不好色”的语言并不少见。

诚实的男人确实有很多，我们这里说的“男人生来爱撒谎”指的是男人面对“性”这个问题是无法不说谎的，实话实说是一件不可想象的事。敢在“性”这个问题上实话实说的人只有一个——皇帝，他不怕任何影响，没有任何负担，他敢说天下美女都是他的，他的这句心里话也是所有男人的心里话，但其他任何男人都不敢如此明目张胆地“实话实说”。

女人会被男人在性问题上的假象所迷惑，就像前面提到的那些女人认为自己的丈夫“老实”得都有些愚了，就以此认为丈夫不好色，甚至连花花肠子都没有。我经常听到很多女人这样夸奖自己的丈夫："怎么可能花心呢，他见了女人就低头，就是根木头。"每当听到这种声音，我都忍不住感叹，女人是真傻啊！还真以为丈夫不喜欢美女呢，哪有这样的男人呀！男人只不过是在女人（妻子）面前装装罢了，结果女人就真信了。其实，男人心里在想什么，女人（妻子）可能永远都不知道，因为他的内心世界和外在表达未必一致。

金伟是一所县级医院的院长，工作非常敬业，人缘也很好，妻子敏之是一家国有企业的职工，儿子上大二，三口之家非常和谐。金伟给所有人的感觉就是正派，敏之对他也很满意，觉得自己的小家庭虽然不像有些有权有钱有势的人家那么风光潇洒，但也小安小康，生活过得很惬意。然而，一次意外打破了这个家庭的美好。

金伟去外地出差，说是一个人去的，结果被敏之翻到包里有两张登机牌。另一个登机人是医院财务科科长余颖，一个非常漂亮的30多岁的女人。余颖有丈夫有孩子，也住在医院的家属院，平常见到敏之都主动热情地打招呼。敏之想院长和财务科长一起出差很正常，金伟为什么说是一个人去的呢？她紧接着想起了另一件蹊跷事。

很久之前的一天，金伟很晚都没有回家，敏之知道院长的工作很忙，很少给他打电话。结果敏之到楼下扔垃圾时，金伟从后面楼道跑了出来。敏之问他去谁家了，他支支吾吾地说去处理公事了。当时敏之没多想，一来她对金伟一直很放心，二来她觉得家属院住的都是医院同事，去谁家都肯定是公事。要不是这次金伟撒谎，她都没意识到那晚金伟就是从余颖家的楼道跑出来的，而且金伟当时绝对没说去余颖家处理公事，也就是说那晚金伟撒了谎。

这两件事串起来，敏之觉得不对劲，难不成他们之间有什么不正当关系？于是，敏之质问金伟为什么要撒谎一个人出差？心里没鬼为什么要编瞎话？那晚到底去了谁家，为什么不实话实说？金伟解释说带着财务科长出差是工作需要，不敢说和余颖一起出差是害怕敏之胡思乱想，毕竟余颖年轻漂亮。金伟还发誓那晚确实去了一个下属家谈公事，绝对不是去余颖家。

敏之更加怀疑金伟撒谎，因为他说的那个下属家在东边，而那晚他是从余颖住的西边楼里出来的，根本不是一个方向。但金伟一口咬定敏之看错了，坚称当时为了避雨，自己沿着屋檐绕了一下路，所以看起来像从西边楼里出来。敏之没有任何证据反驳金伟，虽然会想是不是自己过度敏感而疑神疑鬼，但心里的一根刺是种下了。

男人出轨后都会找一大堆理由来搪塞妻子，即便是些驴唇不对马嘴的狡辩，男人也会咬紧牙关不松口。实在解释不通，就会拿女人敏感多疑说事，对妻子反唇相讥，为自己不合逻辑的行为找各种托词。女人能怎么办呢，没抓住现行，男人又抵死不认，就只能权当自己敏感多疑，只要男人以后不再出现类似问题，这场质疑的目的也就算达到了。但事实往往和女人的期许背道而驰，这是因为男人在出轨方面始终有蒙混过关的心理，绝不会轻而易举就金盆洗手、立地成佛，都是先做了再说，做完之后再期望不被别人发现。

在男人对出轨存在侥幸心理的问题上，有个非常恰当的比喻就是坐飞机的心理。人人都知道飞机一旦出事就意味着机毁人亡，死亡率几乎是百分之百，但人们还是免不了要坐飞机。难道是大家不怕死吗？不是，是大家都有侥幸心理，都预期自己乘坐的航班不会出事。如果预先知道这个航班会出事，那肯定没有一个人会去坐。

出轨的男人也是这种心理，如果知道这次出轨一定会被妻子发现，说什么也不会顶风作案，但男人总是觉得自己的出轨行为不会被妻子发现。所以，女人不要轻易指望男人会主动放弃外遇的刺激，想让男人被发现一次就彻底悔改是不太可能的。出轨男人的侥幸心理往往是，一次没被发现，下次也不会被发现；一次被发现，不等于下次还会被发现。

女人不懂男人的这种心理，总认为男人的龌龊事已经被自己发现了，即便还没找出实质证据或还没成为既成事实，男人也应该会有所收敛，这是典型的女性心理。因为女人在出轨方面很少有侥幸心理，大多怀有愧疚心理，一是觉得对不起自己的家庭，二是觉得对不起对方的家庭，女人考虑问题总是以家庭为中心的。

如果女人出轨或有出轨嫌疑被丈夫发现了，一般来说女人是会就此打住的，除非婚外情人死缠烂打让女人无法摆脱，否则单从女性心理来说，出轨被发现后是可以做到主动放弃的。

金伟确实和余颖有不正当两性关系。金伟被敏之质问后，仍然没有想过要结束关系。余颖倒是提出过分手，但金伟怎么可能轻易放过她，毕竟当初想尽了一切办法才得以保持这种关系。心里有了怀疑的敏之开始细心观察，终于发现了金伟和余颖交往的蛛丝马迹，但还没来得及进一步采取措施，金伟就出事了——被检察院带走了，同时被带走的还有他的情人余颖。

这事一下在医院炸开了锅，其实金伟和余颖之间的不正当关系是全院上下皆知的，只有敏之一个人被蒙在鼓里，虽然她已有所察觉，但并不完全清楚。经检察院查实后一切真相大白，原来两人不仅是情人关系，还是贪污和挪用公款的共同犯罪关系，共贪污公款 200 多万元，挪用公款 800 万元给他人非法使用，获取了 100 多万元的回扣。这些钱都放在了余颖的个人账户，成为两人共同的小金库。

敏之一直认为金伟是个特别老实本分的男人，没一点儿花花肠子，十分庆幸自己找了个正直的好男人。因为金伟从来不主动接近女色，女人挨得太近他还会不好意思地躲开。此外，金伟一直铁面无私、不贪钱财，从没见他收过任何礼，家里收入全来源于工资，家人也不指望他升多大官发多大财，日子一直过得清淡闲适。敏之万万没想到这个好男人竟然会背地里干出这些伤天害理的事，丈夫一贯正派的形象轰然倒塌，她觉得老实人办起坏事更让人心寒、恐惧。

现在的敏之见人就哭诉："金伟简直就是个披着人皮的狼！表面上一直是正人君子，谁知道背地里是一肚子男盗女娼，竟为了那个妖精贪污那么多的钱，还一个劲儿地说和那个妖精没有任何关系，他怎么能这么丧尽天良呢！"

其实，男人有一面或许是妻子一生都看不到的，那就是贪婪（贪财贪色）。男人会进行各种伪装，尤其不会把贪色这一面呈现在妻子面前。实际上，在生活中能把善于伪装的丈夫看清楚的女人是不多见的。如果不出大事，丈夫永远都是好人，至少是不近女色的好男人。只有事情败露了，女人才会恍然大悟，原来丈夫一直在伪装。女人这时会感到非常沮丧，觉得自己被一个衣冠禽兽欺骗了，甚至会怀疑过往生活的种种。

出轨的男人都是坏男人吗

从女人的角度来看，无论男女，只要出轨了就不是好人。但从男人的角度来看，出轨只是需要，和是好人还是坏人没有关系。

大型国企副总高立的三次出轨都被妻子吴月发现了。

第一次是和高中同学。吴月发现后怎么逼问，高立都不承认，但又不肯收手，最终还是被吴月抓到了证据，不得已承认了，并发誓一定会痛改前非，再也不拈花惹草了。吴月念他是第一次，觉得他还不成熟，就给了他一次改过自新的机会。

没过多久，高立的毛病又犯了，这次是和他的下属。被吴月发现以后，高立还是老一套，宁死不屈，拒不承认。毕竟他是有“前科”的人，吴月平时已经多加留意他的一举一动，抓到了更多的证据，由不得他不承认。但这时高立已经是单位的中层领导了，为了他的前途，吴月不想把他的名声搞臭，但又怕他肆无忌惮，想来想去只能让他写下保证书：以后再出轨就净身出户。高立毫不犹豫地签了字，只要能蒙混过关，别说是签字放弃财产，就是签字放弃生命也无所谓。

这一次虽然写了保证书，也签好了协议，但吴月对高立的信任已经基本没有了。有一年冬天，高立喝完酒回到家里倒头就睡，吴月半夜醒来开灯坐在他身旁，越看越觉得他不是原来的爱人，就像是个素不相识的外人。她越看越陌生，越看越来气，起身到卫生间接了一大盆冷水，“哗”一下全浇在高立的身上，整个床铺都被浇湿了。高立一个寒战惊起身来，一边安慰吴月，一边擦拭床铺，收拾完了就跑到另一个房间睡觉去了。不管吴月做出多么过激的事，高立都只是默默忍下，但这些解不了她的心头之恨，只能一次又一次地折腾、发泄。

然而，无论妻子怎么折腾，出轨的男人也不会轻易就能改掉出轨的毛病。成为单位副总以后，高立和自己的秘书好上了。吴月知道后到单位大闹了一场，秘书被辞退了，高立也被整得灰头土脸。这事发生后，吴月成了众矢之的，亲戚朋友没有一个同情理解她，就连娘家人都反对她，骂她是母老虎，说高立是个好人，她是身在福中不知福，好像她才是这场婚姻灾难的制造者。原来，高立在所有人眼中是一个好男人，待人处事能力一流，对岳父岳母、孩子及其他亲戚朋友都非常好，从单位到家中没有人说他一句不好。这么一比较，吴月在别人眼中就成了不懂世事、不体谅家庭的自私女人。

吴月受够了这个所谓的“好男人”带给她的无穷无尽的伤害，而且高立是个什么样的人、做了什么样的事，她就是浑身上下都是嘴也解释不清楚，说了也没人愿意听、愿意相信，因为别人眼中的高立和她眼中的多次背叛她的丈夫根本就不是一个人。无奈之下，吴月提出了离婚，不管别人怎么说她、骂她、怪她、恨她，她都不在乎，她只想赶紧逃离这个“好男人”，如果再继续和他生活在一起，她就要崩溃了。然而，所有人包括吴月父母都强烈反对离婚，她陷入了痛苦无奈的两难境地，离婚就等于众叛亲离，不离婚她又无法承受丈夫一而再、再而三的背叛。

如果说三次出轨的高立确实是个坏男人的话，可能会有很多人持不同意见：无论认不认识高立，男人都未必会把他当成坏男人；与高立相识的女人，也未必把他看成是个十恶不赦的坏男人；与高立素不相识、只是通过吴月的叙述知道或自己看到这个故事的女人，则会认为他是个彻头彻尾的伪君子。为什么对同一个人会有不同的看法呢？这与出轨者本人的人际交往关系，以及与其相识或不相识的人的感受有关。

出轨男人的情商及其为人表现会影响外人对其出轨行为的接受程度。如果出轨男人的情商很高，非常会处理人际关系，做人做事都很细致周到，那么他周围的人（包括与之熟悉的女人）就会对其出轨行为给予一定程度的谅解。这就是为什么高立周围的人都能接受他的出轨，反而对吴月多有成见的原因。

出轨肯定不是好事，出轨者肯定不会被当成值得尊重的人，这一点无论男女从道德层面上去评判都是一致的。唯一不同的是，男人不把男人的出轨看成是什么大逆不道、伤天害理的卑劣行为，但对女人的出轨会持完全的否定态度；女人看待出轨则是全盘否定性的，无论出轨者是男是女，女人都无法接受“出轨”这个概念及行为。

男人还有一种心理和女人不同，即异性玩伴要找有风情的，妻子一定要找守妇道的，而女人无论是结婚找丈夫还是结交异性朋友，都不喜欢轻浮的。从男女不同的心理中不难看出，男人对自己的婚外两性关系是不想负责任的，但对婚姻关系还是相当保守的。

出轨男人的妻子和与这件事不相干的女人对出轨男人的态度基本是一致的，那就是恨之入骨。出轨男人的妻子因备受丈夫出轨行为的伤害而对其怨恨至深是很好理解的，但其他不相干的女人为什么也会有如此厌恶的感受和态度呢？这就是由“同理心”造成的对“被出轨男人伤害”的感同身受，从而认定出轨的男人都是坏男人，妻子都是备受出轨丈夫欺辱伤害的女人，因而会给予妻子极大的同情。

诚然，出轨的确是一种严重不检点的行为，但判断一个人的好坏不能仅从出轨与否这一点上下定论，还需要对出轨这一行为做细致深入的分析。比如，有些出轨未必没有配偶的责任，需要对夫妻之间的关系和问题进行客观的诊断和排查，不能简单地一概而论。

男人在两性关系上有两面性

“男人在对待性的问题上有明显的两面性。”这是19世纪英国著名作家史蒂文森在其科幻小说《化身博士》中的一句话。《化身博士》的男主人公杰基尔（Jekyll）是一位德高望重的医生，但他为逃避债务、工作和婚姻的压力发明了一种药，服用后就会变成集奸淫邪恶于一身的另外一个人——海德（Hyde）。杰基尔终日徘徊在善恶之间，良心的鞭笞和犯罪的快感在他的内心不断冲突，最终只得忏悔并结束自己的生命。这个故事蕴含着非常深刻的人性命题：人到底是黑白分明、一成不变的非善即恶，还是有时向善、有时向恶的交替人性呢？“杰基尔和海德”（Jekyll and Hyde）一词也成了心理学中双重人格的代称。

英国社会心理学家乔·格里芬在接待来访者的时候也发现，有接近五分之四的男人在性这个问题上有两面性。一个平常温厚老实的人，或者是教师、官员、警察，甚至是政治经济地位很高的人，同样会发生出轨行为。他们的妻子知道后都非常惊讶，想不通为什么这样的好人也会干出这种损害自身地位的事情。乔·格里芬解释说这就是杰基尔和海德的双重人格问题。

双重人格是一种典型的人格障碍，很容易在不健康的家庭关系中形成，一旦父母有出轨、暴力等家庭关系不和睦的情况，孩子的人格就会受到影响。男孩受到不和谐家庭关系影响的主要表现就是性的两面性，既有实施性行为的欲望，又有掩盖性行为的伪装。女孩受其特殊生理和社会心理的影响，对性的欲望和外在表达与男孩有很大的差距，即使受到了不和谐家庭关系的影响，在性操守方面的两面性也并不突出，基本上依然表现出以保守和免遭侵害为主的心理特征。

男人在两性关系上所表现出来的两面性还不完全是严格意义上的双重人格障碍，但也属于心理不健康的范畴。在现实生活中，由于受到成长过程中家庭环境不和谐因素的影响，很多人的心理健康程度是受损的，而男性心理受损的第一反应往往与性有关。这就是弗洛伊德的观点，他认为人的一切身心活动之源都与“力比多”（性能量）有关。

男人眼中的性是什么样的

女人和男人对性、情感和婚姻的理解完全不同。在女人的眼里，性、情感和婚姻是一个统一体，婚姻由情感维系，情感在丈夫身上，性也紧紧拴在婚姻情感当中。这三者中哪一项游离出去，对女人来说都是一件非常痛苦或者说非常麻烦的事情，会令女人产生分裂感。而男人恰恰相反，男人喜欢这三者各司其职、各自为政。

一般来讲，男人会把这三者分开来看（对）待。性就像是食物，饿了就吃，一般不附带情感成分。情感对男人很重要，但男人眼中的情感往往不会厚此薄彼，对夫妻之情、子女之情、父母之情、同事朋友之情基本上都一视同仁。婚姻对男人也很重要，但婚姻在男人的眼里主要是家的概念，是下班之后、疲倦之时可以落脚休息的地方。对大多数男人来讲，家不是谈情说爱的地方，主要是休息睡觉的地方，因此，很多女人会埋怨自己的丈夫只是把家当作旅馆。

男人是性的“奴隶”

儒家学说把性当作和饮食一样是人生必不可少的东西，孔子在《礼记》里说“饮食男女，人之大欲存焉”，告子在《孟子》里说“食色，性也”。但如果把“性”真的摆在面前，“饮食”也罢，“必不可少”也罢，男女对它的态度肯定是不相同的。

白芷和石南是一对年轻的大学生情侣，彼此都很喜欢对方，也有奔着结婚去的打算。相恋一段时间后，石南经常想和白芷发生关系，白芷每一次都拒绝了。一开始石南并没有生气，认为白芷还没有完全接受他，于是继续加大温情攻势。

又过了一段时间，石南去白芷宿舍找她，正好宿舍只有白芷一个人，在拥抱亲吻过后石南又想更进一步，白芷依然坚决地阻止。这次石南很生气，质问白芷为什么不同意发生关系，自己是认认真真对待这份感情的，绝不是随随便便的冲动之举。

白芷说万一怀孕了怎么办？虽然两个人都是认真的，但现在大学还没有毕业，未来不确定的东西太多，发生关系是对双方的不负责任，等到工作、订婚都落定后，自己会把一切都交给他。

白芷表达完自己的意愿之后，以为对未来负责的态度一定会赢得石南的理解和赞同，结果石南和她提出了分手，认为她不近人情、不通情理，是个自私古怪之人。白芷非常痛苦，自己确实很爱石南，但她不后悔，觉得坚守不在不对的时间发生关系没有错，石南的不理解只能说明他不是真正的爱自己。

很多人在谈恋爱的时候都遇到过白芷和石南的问题——要不

要发生关系。我们来探讨一下，石南的要求过不过分呢？按“食色，性也”的逻辑，石南的要求似乎并不过分，男女朋友在恋爱期间发生关系也算情有可原。是白芷的矜持保守错了吗？显然也没有错，白芷说的做的都在理，是对自己和未来的尊重和负责。那么，怎么看待这对恋人之间产生的这个矛盾呢？关键要看双方对性的要求和态度。

石南在得到白芷工作、订婚前不会发生关系的明确答复之后，毅然提出了分手，理由是白芷不近人情、不通情理。也就是说，在石南的心里，只要和他发生了关系，就是近人情、通情理，不自私、不古怪了。白芷对未婚怀孕的恐惧，对以后能不能走进婚姻的担心，在石南看来都是不重要的事情，只是白芷的自私古怪而已。这就是他们之间矛盾的根本。

在石南看来，性是“饮食”问题，是必须要满足的需求，没有就会“饿死”，就只能分手；而在白芷看来，性不是生存需要，未来的安全与稳定才是首先要满足的基本需求。白芷的想法正是女人特有的心理。那么，为什么女人不把性当成必需的“饮食”呢？

美国性学家阿尔弗雷德·金西（Alfred C. Kinsey）在1948年出版的《人类男性性行为》和1953年出版的《人类女性性行为》两书中，从性生理角度解释了男女性能量的形成和释放的不同特点。“按照弗洛伊德的观点，男人的‘力比多’（性能量）是精子所承载的能量概念，作为一个成年男人，这个能量的形成是按分钟或小时计算的，每次形成的数量是以亿计算的，它的排放只能借助于性活动（性交、自慰等性行为），就连梦遗也是受到了性的刺激而引发的性能量排放”，而“女人的‘力比多’载体（卵子）的形成速度是按月计算的，一次形成的数量是以个计算的，它的排放不需要借助于性活动，是自然排放的”。也就是说，男人的性能量一旦形成只能靠性活动来排放，女人的性能量则有多种排放渠道。

阿尔弗雷德·金西的解释证明了为什么男人一定要有性，似乎不沾性就不能活。其实，成年男女都有所体会，男人一段时间不沾性是非常难受的，不管用什么样的方式，都必须要解决这个问题。而女人即便是在热恋期，只要得到男朋友的赞美、拥抱、爱抚、亲吻等，就可以释放很多的压力或性能量，不一定非得发生实质性关系。因此，男人对性的依赖要远远高于女人，甚至有人总结“男人不可一日无性，但可一日无食”。可以说，从生理角度来看，男人是性的“奴隶”，有的自制力差的男人甚至可以为了性不顾一切。

男人喜欢新鲜刺激的性

进入婚姻以后，男人不反感、不排斥对其他异性的向往甚至是追求，如果能经常更换性伴侣，那不是一件耻事，而是一件极为享受的事，但这只能装在肚子里或在同性之间聊一聊，在女人尤其是妻子面前是绝对不会讲的，一旦露了马脚，男人在女人（妻子）面前的伟岸形象就会崩塌。男人非常清楚女人对于性的保守，因此在女人面前男人都是心正行正、表里如一的正人君子。

其实，男人尤其是结了婚的男人确实会对其他异性心存幻想，有的甚至会想入非非、大献殷勤。这种表现一般不会引起女人的特别在意，有时甚至会被女人当成是友好或有礼貌。因为女人不轻易从好色方面去判定男人，除非是不认识、不熟悉的男人表露出献媚与讨好的“馋色”，女人才会迅速意识到男人的不怀好意，并产生反感和防卫意识。

婚前男人的注意力一般都集中在女朋友身上，当然也有恋爱时就脚踏两只或几只船的男人（也有这种女人，但为数极少），但大多数男人都会身心合一地把注意力倾注在女朋友身上。只要还没结婚，男人对女朋友的感觉就等同于处于追求不属于自己的异性的过程中的感觉，不会有“女朋友已经是我的了”的感受，所以，男人会竭尽全力且目标专一地去争取，此时想让男人分心都很难。

但遗憾的是男人都有“捕猎心理”，“猎物”（妻子）一旦到手，原来在“猎物”（妻子）身上的注意力会明显下降，就会转移到其他“猎物”（女人）身上，即便不敢随便实施对其他“猎物”（女人）的出击，但至少这种心思是有的。绝大多数男人都有“捕猎心理”，这是男人的通病，也是男人的软肋，只是程度不同而已。

进入婚姻以后的男人一定要警惕这种心理，抑制这种冲动，控制这种行为，否则只要遇到合适的机会，就很容易在外遇方面寻找刺激。男人要想很好地解决这个问题，控制好第一次的冲动极为重要，因为只要有了第一次，接下来就会出现第二次、第三次，这和毒品依赖、赌博依赖、酒精依赖是一个道理，会逐渐对婚外女人产生高度依赖性。

"抑制外遇三步法"对抵御第一次的冲动非常重要，男人可以主动借鉴运用。

1. 激活潜意识

第一步激活潜意识的作用在于用觉醒的意识压制本能的动机，可以有效地抑制潜意识给男人带来的冲动或本能欲望给男人带来的强烈心理反应。

在漂亮女人面前手舞足蹈，表现欲十足，这是男人特有的心理条件反射。一遇到心仪的女人，男人的情绪就会有所变化。当男人（尤其是已婚男人）在一个特定的场所遇到令自己心动的女人时，要判断清楚自己有没有想要进一步（带有两性关系意味）接近她的欲望？有没有想与她建立关系的念头？有没有想引起她的注意的冲动？

一旦感觉到有这些情绪变化，男人就要多加注意了，这意味着出轨概率正在增加，如果不加以控制，就会诱发出轨行为。这时男人一定要反省自己的情绪动机，为什么自己会有这种变化？自己这种高度亢奋的状态到底想要达到什么目的？

也就是说，男人必须要一连串地向自己提出质疑，强迫自己去思考和回答。在自我提问和自我回答的过程中，男人潜意识里的本能冲动会不断地得到警醒，外在的冲动情绪就会得到有效的抑制和改善。

2. 思考男女的心理差异

如果第一步的自我提醒、自我干预失败了，就要及时采取第二步措施。这一步是对心境的调整，会让男人在实施冲动行为的边缘状态下，加强理性约束，抑制感性冲动。

一般来说，已婚男人经过思想斗争后，仍有进一步接近婚外女人的动机和企图的时候，是最危险、最容易做出不理智行为的时候。

有时男人可能碍于面子、环境等因素，一时难以行动，但并不是说进一步行动的欲望会停止。这时，男人就要思考男女的心理差异，尤其是性心理差异：自己有性的需求，对方也和自己一样吗？自己希望对方只满足性的需求，对方也是同样的要求吗？自己能做到爱与性分离，对方是否也能同样做到？

男人必须清楚地知道，双方的心理状态和需求并不是可控的，在冲动状态下的男女之事非常容易过界，自己有没有把控事情发展方向和程度的能力？是应该不假思索地去做，还是应该充分考虑、控制冲动？

3. 判断男女的实际心理承受能力

这一步的意义在于让男人区分男女不同的情感需求，强化其思考出轨的风险和代价，不至于被出轨的刺激假象所蒙蔽。

男人尤其要注意分辨两性之间的某些热情表达，有时形成的某种心灵默契或达成的情感约定，未必像男人想象的是在生理基础上的相互吸引。男人只对婚外女人带来的生理刺激感兴趣，而女人思考情感问题的重点是婚姻，在与男人交往的过程中，女人会本能地从婚姻的角度去考虑两人的关系。

因此，男人必须明白，男女婚外交往的目的是截然不同的，如果冲动地迈出这一步，就需要付出巨大的代价——毁灭已有的婚姻，引发道德与法律、婚姻与家庭、他人与社会、事业与名誉等一系列重大的冲突。自己有没有能力承受？今天获得的短暂快乐极有可能会给自己带来一生的灾难，值不值得为一时的生理快感承受巨大的风险、付出高昂的代价？

如果“抑制外遇三步法”能连续做下来，一般的冲动都会得到很大的扼制，基本上能阻止男人婚外性行为的实施。其实，男人只要管住了第一次，就不会有第二次。男人有“好色”的想法很正常，只要控制住行为，想法再活跃也没关系，也仍是好男人。

男人喜欢意淫

男人在一起有个很特殊的爱好，就是聊黄段子。如果旁边再有几位女人，男人会聊得更加津津有味、乐此不疲。女人在一起则很少聊黄段子，即便有也只是说笑一下完事，和男人聊的根本不是一个尺度。

男人聊黄段子的目的主要是为了满足男人的意淫。如果仅仅是男人之间聊这些东西，男人听过、说过之后会有自娱自乐的效果，欣赏的是刺激的内容，愉悦的是男人的色欲之心；如果身旁有几位女人，男人聊黄段子的感受就会从自我转向女人，无论是讲的人，还是听的人，其用心都在身旁的女人身上——观察她们的反应，揣摩她们的感受，幻想和她们一起“共振”。享受一个彻头彻尾的意淫过程，就是男人说黄段子的目的和意义所在。

其实，男女都会有性幻想。不同的是，男人的性幻想是广泛的，不会固定在一个特定的场景、事物或异性身上，可以是认识的人，也可以是不认识的人，关注的是女人的长相和身体。而女人的性幻想一般会固定在自己所喜欢的人身上，而且是比较熟悉的人，并且不会将幻想局限在男人的身体上，而是想象带有浪漫情调的各种行为，如亲昵的语言、拥抱、亲吻、爱抚等。

2001 年，美国佛蒙特大学做了一项有关性幻想的社会调查，结果发现 60%的已婚女人有过对丈夫以外的男人的性幻想，而 100%的已婚男人经常幻想妻子以外的女人。

美国新墨西哥大学的心理学博士大卫·利曾对 2000 对男女做过调查，发现男人平均 6 分钟就会出现一次性幻想，多半是因为看到了较为欣赏的异性而受到刺激，但基本上都是一带而过，属于很浅层的幻想，离开这个异性，幻想即刻就消失了。而女人则每隔一到两周才会有一次性幻想，一般发生在独处的时候，回想起曾经和心爱的人在一起的情景时，就会有性的意识涌上心头，而且持续的时间相对较长。

大卫·利博士解释说，夫妻结婚时间越长，婚后的家庭矛盾越多，男女的性幻想越容易产生，这算不上是特别严重的心理问题，无须过于紧张和小题大做。然而，如果男人对女人有重度的性幻想、窥探欲，就需要引起重视。

比如，看到有点性感的女人就想入非非，看到有点姿色的女人就有窥探的欲望，而且喜欢长时间打量女人的身体。虽然不敢袒露声色、轻举妄动，但对年轻漂亮、身材窈窕的女人总是抱有强烈的好奇感、窥探欲或非分之想，这就是心理不健康的表现。

男人的这种意淫虽然只是装在心里，并未对他人造成实质性的影响或伤害，但这确实是个问题，如果不加以干预，时间久了就有可能出现严重后果，从自我意淫发展到行为实施。很多性侵行为都是在长时间的意淫酝酿之后发生的，心理问题和犯罪行为有时就差一步。

喜欢意淫的人大都是些精神空虚、不善交流的人，他们有很多想法，但都藏在内心深处，从不敞开心扉与人交流，精神领域极度贫乏闭塞，除了痴迷于自己感兴趣的东西之外，基本上没有其他的爱好，而且有严重的偏执心理，很容易走向极端。他们对性问题缺乏客观的认识和理解，总是在有限认知的基础上展开不切实际的想象。这一过程能给他们带来一定程度的精神快感，所以他们会不遗余力地尽情幻想，并乐此不疲。

喜欢意淫的人往往把自己伪装成不近女色的正人君子，但到了真实环境或客观条件成熟的情况下，他们的好色嘴脸就会暴露无遗。比如，在人多拥挤的公共场合，他们觉得别人很难注意到自己，就会目不转睛地搜索和紧盯各类女人，以满足他们的意淫需要。

调整过度意淫的方法是以精神疗法为主，配合广泛的健康社交法。精神疗法就是令其转变信念，改善精神。健康社交法就是让其精神振奋，减少封闭，走出自我。从妻子的角度来说，如果不想跟丈夫离婚，就要给他积极的引导，不能总是嗤之以鼻、冷面相对。妻子可以从以下几个方面督促和带动丈夫，让他在健康阳光的心态影响下逐步走出不良习惯。

□每个月和丈夫看一场电影，形成习惯，不要中断。

□常与丈夫开玩笑，男女“禁区”的玩笑也要大胆涉及。

□大胆表达想法，该表扬表扬，该批评批评，把话说到明处。

□自己首先要做到开朗乐观，然后去影响带动丈夫。

□发现丈夫的好色神态，先别急着教训，话要反着说，直接告诉他：这没毛病，别想太多就行，想多了也没用。

□多和丈夫一起参加社交活动，改变他封闭独处的习惯，让他的对外交往由被动变为主动。

□和丈夫每天进行户外有氧运动，经常参加群体性体育活动。

□鼓励丈夫多聚会、多旅游、多运动、多交往、多表达。

□学会用幽默的方法解决尴尬的问题，比如用玩笑语言引出丈夫的内心想法，对错不重要，重要的是让他排解内心的压抑感。

以上这些习惯和做法很重要，女人要让男人学会正确地表达想法和情绪，不把龌龊的东西积压在内心深处。在生活中建立起积极健康的表达习惯后，男人的邪淫想法会大大降低，并且会全身充满正能量。

男人出轨时为什么不会考虑婚姻

很多女人在面对丈夫出轨的时候都会提出一个问题："你在干那些龌龊事的时候，就不想想你的妻子、孩子、家庭吗?"这话一听就是女人的声音，男人是说不出这种话来的，因为男人没有说这种话的心理动机。男人怎样看待女人提出的这个问题呢？如果让男人来回答这个问题，他只会在心里说："难道小偷在偷东西的时候，心里还会想着警察和监狱吗?"

男人难过婚外性欲关

如果用"英雄难过美人关"来解释男人寻找婚外刺激的原因，就太抬高这些男人了。一是不能随便就把男人当成英雄，二是男人在外面找的也未必是美人，绝大多数是比妻子差得远的女人，无论长相、气质还是修养，品行就更不用说了。因此，用"男人难过婚外性欲关"来形容男人的性操守更为贴切。

根据美国性学家约翰·莫尼（John Money）对两万名各个年龄阶段男女的性关系调查数据显示，有过出轨（包括嫖娼）经历的男人占到了89．9%，有过婚外性体验的女人则占23%。约翰·莫尼说这项调查不可能做到完全准确，但这些数据应该基本接近实际，可能男人的统计数据还相对保守了一些，因为有些男人可能没有说实话。按照他的理论及掌握的实际情况，从来没有婚外性经历的男人几乎是没有的，除非是性心理或性功能障碍者。我国基本没有这方面的统计数据，但像约翰·莫尼所说的有婚外性经历的男人应该也不少。

婚前的男人可以有也可以没有性经历，但进入婚姻后，男人想把性维系在婚姻当中（妻子身上）不是一件很容易的事。因为这个社会的诱惑越来越多，即便不会有附带情感的婚外恋，也会有单纯嫖娼性质的出轨，这对男人来说不是一件很难的事情。一个男人长期出差在外，出轨的机会是很多的，容易受到各种特殊服务的引诱，就连住在酒店不外出都会收到色情卡片及电话骚扰。如果时间、空间、经济条件允许，再碰上是“主动”送上门，一般情况下男人很难抗拒这些诱惑。出轨的男人把婚外性看作是喝场酒、吃顿饭这么简单，根本不会考虑到这是对情感的背叛或对婚姻的不忠，只是把它当成生理的需要。

秦强是某机关单位的一名科级干部，经常去外地出差。只要到了一个地方，他的第一件事就是到处寻找按摩房。其实他每次出轨的对象条件都很差，和他的妻子根本没法比。无论从哪个方面来讲，他的妻子都是相当出众的，肤白貌美、身材苗条、性格温顺，他说不出一点妻子令他不满意的地方，更说不出自己的出轨对象有哪一点比妻子更好，可他还是一而再、再而三地出轨。

要不是因为被警察逮住了，秦强的事情还不会败露。他向妻子解释自己是酒后失德才会出轨，而且是第一次就栽了跟头。妻子并不相信他的鬼话，但也不想把这事闹得满城风雨让他没法做人，最后只能息事宁人了。

其实，秦强就是典型的性瘾癖综合征。这和酒瘾、毒瘾性质是一样的，一旦形成很难戒掉，完全没有自制力可言。只要再出差，只要没人监管，只要有条件，就会再次出轨。解决这类问题有两个方法，一是强制戒瘾，二是心理干预。

强制戒瘾就是打开他的手机定位和实时监控功能，由妻子随时随地监控他的行为。这一点看似很不人道，但这是没有办法的办法，对性瘾癖者只能以此硬性手段强制戒除，没有其他更人性的办法能够令其自我约束、自我控制。

心理干预就是从性心理矫正方面入手，用认知疗法和行为疗法帮助其建立健康的心理秩序。一般来说，有严重的性瘾癖的人都与儿童时期的性心理发育不平衡有关，有时也与青春期的心理发育失衡有关。心理督导主要从这两个方面入手，解决其心理及性心理方面的障碍，使之成为一个心理相对健康的人。

约翰·莫尼对男人易患的性瘾癖综合征提出了自己的观点。他认为男人喜欢与不同的女人媾和，这与男人在儿童时期的性游戏被加以粗暴干涉有关。儿童的性游戏其实只是获得儿童生理快感的一部分，吸吮手指、排便、被父母拥抱等也属于获得儿童生理快感的范畴。如果采取不科学的方式制止儿童的这些生理快感，就会导致儿童的性心理发育脱离常轨，为以后的性心理健康埋下祸根。比如，男孩长大后容易对一种性刺激或一个性伙伴产生不满或腻烦，愿意尝试不同的性刺激或性感受，这就是典型的性心理叛逆反应。小时候越是被粗暴对待，长大后越是会不断地更换性伴侣以满足其性叛逆心理的需要。

法国著名的性学家米歇尔·福科（Michel Foucault）在他的《性史》一书里对男人的性癔癖也有类似约翰·莫尼的解释，但米歇尔·福科更强调家庭关系的不和谐给孩子带来的性心理的影响。他认为孩子一旦在家庭中缺乏了安全感，缺失了父爱或母爱，长大以后对他人及配偶给予的爱或安全感也会缺乏认同，男孩就会向其他异性广泛索爱，往往以婚外恋和婚外性的形式表现出来，而女孩则会以任性、极端及偏执的心理特征表现出来，有的也会以婚外恋和婚外性的形式表现出来。

因此，现在的家长一定要注意孩子的一切心理反应（包括性心理反应），对孩子的一些看似不健康的、涉及性的语言或行为，既不能粗暴干涉和制止，也不能视而不见、充耳不闻。比如，孩子经常会问自己是从哪里来的，家长要给孩子一个合理的解释，千万不能说是从医院里抱来的、石头缝里蹦出来的、马路边捡来的等，这会增加孩子不切实际的心理幻想，影响其正常健康的心理发育。

“家里红旗不倒，外面彩旗飘飘”是婚外性依赖的典型症状

都说男人的梦想是妻妾成群。在现代一夫一妻制的约束下，男人希望有家庭有婚姻，同时也希望外面有情人，最好是婚姻和婚外情互不影响，彼此独立，相得益彰，这是男人比较羡慕的一种生活方式。

“家里红旗不倒，外面彩旗飘飘”是典型的男性心理。如果女人坐拥家里丈夫的同时，又投入婚外一个又一个情人的怀抱，这个女人不仅不会幸福，反而可能会疯掉。假如生活中真有这样的女人，她未必是真正意义上的女人，很可能是兼具女性生理、男性心理的人，即俗话所说的女人身男人心，但这种人比较少见。

男人会把婚姻和婚外性分开对待。男人对待婚姻就是该给家庭的给家庭，该养家养家，该尽义务尽义务，认为这就尽到了对婚姻家庭的责任。男人把婚外性视为和家庭无关的存在，比如男人在婚外找了一个情人，他会认为这与妻子没有什么关系，只是他的个人行为，最多就是不道德。所以，男人不把婚外性行为看成是对婚姻的背叛，只把它当作自己生活的补充和调味剂，正是因为有了调味剂，男人才觉得自己活得充实有意义。

万东长得很帅，特有女人缘，是个风流才子，40岁不到的年纪就已经结了4次婚。

万东的第一任妻子爱玲长得很漂亮，各方面也都很优秀，但因为他经常和女人纠缠不清，爱玲实在受不了就带着孩子离开了他。

离婚还不到两个月，万东就和第二任妻子晴子订婚了。晴子对万东非常倾慕，虽然听说过他的各种绯闻，但她觉得眼不见不为实，而且自己的年龄比他小那么多，背叛婚姻的反倒有可能是自己，于是不顾家人反对，毅然嫁给了他。结果，这个婚姻维持了5年，他们的孩子才3岁多时，晴子不得不满腹悲愤地离开了花心依旧的万东。

已经离了两次婚的万东，完全不吸取教训，也不觉得丢面子，不到半年就找了个离过婚有孩子的女人结婚，这次的婚姻也只维持了3年，原因还是那些事。

还没结束第三次婚姻时，万东就和刚满23岁的公司下属依依在一起了。他们刚认识的时候，万东说自己和妻子性格不合，已经准备离婚了，依依为他感到惋惜，这么有才的一个人，怎么总是感情不顺呢？出于对上司的崇拜和同情，依依一直默默关心着万东，这正中万东的下怀，慢慢地就把单纯的依依变成了又一个情人。

离婚后，万东向依依求了婚，按理说依依应该挺介意万东离过三次婚，但实际上依依非但没有介意，反而相信了万东的谎言——“前几任妻子都是为了我的钱而来，当我落魄穷困时她们就选择了离开，但我不怪她们，这个社会很现实，我只怪自己没能力提供给她们想要的生活。我不知道未来会怎么样，但我会尽全力维护我们的婚姻。”

依依觉得万东的这番话很真诚，是个有情义、有担当的男人，于是稀里糊涂地就上了“贼船”。万东一面怀里搂着娇妻，一面继续不停地盯着外面的女人，不出所料，他们的婚姻又亮起了红灯。

其实，万东的表现就是严重的婚外性依赖症。日本依赖症研究专家白川教人和长尾博司在他们合著的《依赖症：不可思议的溺水之心》中写道，依赖症的形成是遵循了从报酬效果→反复作用→精神依赖→耐受性→身体依赖→虚脱症状→反复使用的一个过程。

以酒精依赖为例做个说明。假如最近遇到了心烦的事情，心情很低落，即便躺在床上，烦恼也会萦绕在心头，辗转反侧仍挥之不去。这时打开一瓶葡萄酒，喝上一两杯，心情马上就会不同，原本郁闷消沉的心情就会立刻消失得无影无踪，再回到床上，不一会儿的工夫就能进入梦乡。这种舒服的感觉是借助酒精的作用来实现的，葡萄酒成了心烦时能让自己愉悦的好东西，这就是所谓的报酬效果。

第二天或许还是心烦，想到昨天喝上两杯葡萄酒就睡了个好觉的经验事实，马上就效仿了上次的做法，结果又睡了个好觉。于是，“一喝酒心情就变好，而且会睡得很香”的认知和习惯就建立起来了，以后一觉得心烦就想借酒消愁，这就是所谓的反复作用。

在持续反复作用的过程中，慢慢就对酒产生了依赖，不喝酒就睡不着觉，寂寞空虚感会席卷而来，最后就会变成不喝就不舒服，这就到了精神依赖的程度。同时，身体对酒的耐受性也建立起来，最初的饮酒量已无法带来愉悦感，不得不逐渐增大饮酒量。

饮酒量一旦增加到超出身体的吸收、适应和处理能力时，人的身体就会出现一种匪夷所思的现象，即酒精不进入体内，人就会有一种不安的感觉，这就是身体依赖的阶段。只要不喝酒，就会出现盗汗、身体颤抖、焦躁烦闷、恶心眩晕、抑郁狂躁等虚脱症状。为了解决这些令人心烦的问题，就不得不进一步反复使用（酗酒）。如此形成的循环，就是依赖症的形成过程。

婚外性依赖与酒精依赖大同小异，基本上是一个模式。当面对某种压力的时候，有些男人首先会用性发泄的方式来排解。当有过用婚外性减轻压力的成功经验以后，报酬效果就显现了。于是，一有不愉快的事情就想用追求婚外性快感的方式来解决，这就是反复作用阶段。经过长期的实践，婚外性经验最终会形成一种固定的模式，这就进入了没事就会想到婚外性的精神依赖阶段。逐渐发展到身心都对婚外性有了一定的耐受性时，婚外性需求便会不断升级。发现一个新的美女，不招惹就不甘心、不舒服，想方设法地要把对方弄到手，这就是身体依赖阶段。为了不让自己痛苦，于是反复去寻求婚外刺激，或找女人聊天，或进一步实质出轨，最终形成婚外性依赖的恶性循环。

实际上，有婚外性依赖的人是不适合结婚的，因为这类人的兴趣点不在婚内，婚姻只是他们的一种社会需要或者说是面子上的道具而已。生活中遇到这类人，最明智的办法就是离开他，避免自己受伤害。如果实在不想放弃的话，只能与其做相对的物理隔离了，也即可以继续保持婚姻关系，但尽量不要生活在一起，想办法制造两地分居。这样做，一是能实现女人不愿放弃婚姻的目的，满足其保全家庭的心理需求；二是能减少近距离的情感伤害，对男人眼不见心不烦；三是能给孩子留存一个看似完整的家，对孩子的成长有一定的安慰作用。

外遇在男人眼里是枝节问题， 不是原则问题

美国心理学家戴维·巴斯在他的《进化心理学》一书里写道，雄性动物外出寻觅有两大目的，一是为了捕食，捕获猎物后会供它的“妻儿们”食用，这体现了它养家的责任；二是为了寻觅交配对象。前一章也讲到了雄性动物为了尽可能多地繁衍后代，会不遗余力地与不同的异性交配，这在动物衍生行为中被称为“生命传承法则”。这一法则对雌性动物却有着另外一种解释，即雌性动物不善“乱交”，一次“婚配”足矣，其目的是为了保护腹中的

胎儿。

人的意识和行为要远高于动物，但在人（尤其是男人）的潜意识里，关于婚姻、配偶、婚外性行为等，还残留了不少动物的意识、行为成分。比如，男人对外遇从根本上没有排斥感，但女人对外遇大多是排斥的，除非婚姻把女人伤透了，女人才会接受外遇，但从严格意义上来讲，这时的外遇已经不能称为外遇了，而应该称为外援。

男人对外遇的态度有两个明显的特点。

1. 外遇是婚姻的补充

很多女人对男人的外遇是不理解的，尤其是刚结婚不久的女人。经历过丈夫出轨的女人经常会提出这样一个问题："我们的感情基础很好，我很爱他，他也很爱我，我们的婚姻生活很幸福，没有任何婚姻家庭矛盾，他为什么会背叛我呢？难道是我做错了什么？但他一再强调我没做错什么，那为什么他要出轨呢？他为什么非要去找他的前女友 /女同事 /女客户或去嫖娼呢？难道是我不能满足他吗？"绝大多数女人对此非常困惑，完全搞不懂自己的丈夫是怎么想的，为什么会去选择不必要的出轨。

我可以负责任地告诉大家，这样的丈夫不是不爱妻子，也不是妻子哪里做得不好，他说的那些理由再充分，比如只是帮助一下前女友啦，只是关心一下女同事啦，只是照顾一下女客户啦，只是陪着别人去风月场所逢场作戏啦，自己啥也没干啦，等等，

90%以上都是骗人的。男人为什么置家里的贤妻于不顾，非要去招惹别的女人呢？这是由男人的两种心理欲望导致的，一种是对异性的性侵欲和占有欲，另一种是对配偶以外的异性的好奇欲。这是男人特有的两种生理劣根性，与前面所说的雄性动物的“生命传承法则”有一定的关系。而女人由于没有这种生理特性，无法体会男人的这种特殊性心理。

男人在这两种心理欲望的驱动下，把外遇当成是婚姻的补充，而且不会将其看作是大的原则问题，只觉得是小的枝节问题，最多是有点不道德。有的男人甚至会把出轨当成是和喝水吃饭一样的满足本能需求的行为，根本不去想出轨会给妻子和家庭造成什么样的伤害，似乎只要妻子不会问、不用管、不知道，一切就都依然美好。

有的妻子会觉得丈夫对婚外女人动了真感情。动真感情的情况也有，但不是主流，大多数情况是假情，是丈夫用“动真情”的方式来感动婚外女人。只有这样，婚外女人才有可能一心一意地与他媾和，否则也不会轻易和他在一起。不过，男人在婚外演的戏不仅容易骗取婚外女人的信任，同样也会让自己的妻子信以为真，最后的结果无疑是男人自作自受，里外都说不清，对婚外女人说是真爱，对妻子说是假意。其实，男人的出轨，从感情上来说确实不是真的，但对婚姻的背叛也确实不是假的，确切地说就是一种假戏真做。

2. 外遇是单纯的两性游戏

女人一旦发现丈夫有了外遇，就会有天塌下来的感觉。但在丈夫眼里，外遇就是个游戏，只不过是跟性有关的游戏，拿不上台面，说不出口，只能背地里偷着去做。

女人对外遇问题非常敏感和排斥。在女人看来，外遇一定是感情和生理交织在一起的两性关系，不可能是单纯的两性游戏。女人无论如何也理解不了丈夫会在外面和其他女人玩单纯的两性游戏，如果真是这样的话，女人觉得更恶心，甚至认为丈夫有心理疾病。但女人认为丈夫和自己生活了那么多年，并没有什么异常表现，肯定不会有病，因此就会断定男人的出轨一定是附带感情的。

其实，大多数出轨的男人还真不是冲着感情去的。男人在获得情人为他献身之前，会充分对其表达感情，这是事实，但这只是个幌子、是障眼法。因为没有感情的表达，婚外女人不会上他的当。只有婚外女人被感动，误认为男人是真心的（只要男人舍得下功夫），男人才有可能得到婚外女人的奉献。

大家不要被一段长久的婚外恋关系蒙蔽，别看有些婚外情可以保持几年甚至更久，其实那未必是真正的情感关系，说白了只是男女双方的互相利用关系。男人在得到婚外女人之后，确实会继续对其“付出”感情，让情人对他们之间的感情深信不疑，这依然是男人的障眼法。

男人会为了长期拥有这种婚外不当关系付出包括时间、精力和金钱方面的巨大成本。这是因为婚外的两性游戏对这类男人很重要，他们的生活当中不能没有婚外的两性游戏。一旦这种两性游戏被发现或终止了，男人就像掉了魂一样，寝食难安，有的甚至连正常的生活和工作都会受到影响，还会继续寻觅婚外情人，直至找到情人才会恢复正常。

很多人不理解这类男人，既然这么喜欢找情人，为什么不和妻子离婚、和情人结婚呢？这个问题也是遭受丈夫出轨伤害的妻子们的普遍困惑。男人之所以不肯和妻子离婚、不会轻易把情人扶正成妻子，是因为一旦情人成了妻子，男人还得出去再找情人。他喜欢的不是目前拥有的这个情人，而是他的生活离不开“情人”这个角色。无论哪个情人成了男人的妻子，最后这个情人的下场只会比男人的原配还惨。

因此，我奉劝那些正在给男人当情人的女人，千万别自以为是，认为眼前的这个男人多么爱自己，实际上你只是他的一个婚外性玩物而已，换成哪个女人他都会爱，他爱的只是婚外的性刺激，一旦你变成了他的妻子，他马上就会扔下你再去找别的女人，并且对你比对他的原配还冷漠。这绝不是故意嘲讽、恐吓，不信你就试试看。

第3章

婚姻中的女人真的会变成这样吗

女人为什么视婚姻为生命

女人愿意付出一切代价来挽救婚姻吗

女人在挽救婚姻时应该怎么做

男人在婚姻方面确实有些“跛脚”（当然并不是所有男人都这样），那女人在婚姻方面也和男人一样吗？回答是否定的。女人在婚姻中有自己的特点，有女人特有的心理机制。应该说女人对婚姻的重视堪比生命，把婚姻当作一生安全幸福的保障。尽管这种认识有些绝对化，但它确实是一种客观的现实，几乎所有的女人都非常重视自己的婚姻，鲜有随意对待婚姻的女人，有的话也是极其个别的，一般都是由某些特殊原因或经历导致的。

女人为什么视婚姻为生命

俗话说女人有两次生命，第一次生命是父母给的，富贵也好、贫贱也好，幸福也好、不幸也好，都是自己无法选择的。于是，女人会把更多的希望寄托在第二次生命上，这“第二次生命”就是婚姻。当然，女人也非常珍视自己的第一次生命，感激自己的父母，孝者里面不可否认是女人居多，但女人不可能跟父母生活一辈子。

虽然男人也不会跟父母过一辈子，但男人成年后便以单打独斗、另立门户、独闯世界为荣。而女人和男人不一样，女人离不开家庭，无论是原生家庭，还是自己婚后的家庭。如果女人也和男人一样不依赖家庭，而是单打独斗、另立门户，不仅与社会传统观念相悖，就连女人自己也未必能接受。多数女人还是希望以家庭为中心，把更多的时间和精力放在婚姻、家庭和孩子身上，同时也希望婚姻和家庭能给自己一个安全幸福的保障。

女人的安全感主要来自婚姻

女人一旦实现了第二次生命的投胎（结了婚），往往就不会再去想这想那了，就想围着自己的婚姻、家庭和孩子转，寻求和享受安稳的状态。女人对安全的需要和重视源自女人的生理和心理特点，这是女人特有的一种心理机制。

第一，女人的不安全感与身体健壮程度有关。女人的身体健壮程度远不如男人，单从生命安全意识上来说，女人与男人有着明显的不同。女人对男人以及各种复杂的环境有着本能的防卫心理，而男人不会对女人以及各种复杂的环境产生防卫心理，无从体会女人的不安全感。其实，男人无缘无故伤害女人的恶性事件较少，但女人对男人的防卫意识或潜意识防卫心理始终存在。第二，女人的不安全感与性骚扰有关。女人很容易遭到男人的性骚扰，这种危险远远高于男人对女人单纯的身体伤害。

女人怎样来避免这两种伤害呢？最好的办法就是结婚。结了婚的女人会有非常强大的安全感，不仅身体上会有丈夫保护自己，性方面也会因为有丈夫的存在而变得更自信、更安全。婚姻对女人来说，就是一个强大的安全保障，意味着一种全面的保护。

1. 抵挡纷扰与不安

男人在两性关系上总是有想占便宜的心理驱动，而女人在两性关系上总是有防止被骚扰的防御心理，这是男女两种完全不同的心理特征。

女人即便已经离了婚，只要还和前夫生活在一起，就一定不想让外人知道自己已经离婚了。这样做的目的一是免遭人白眼，二是免受其他异性的骚扰，这是女人特有的心理。离婚不离家的女人尤其不愿声张自己已经离婚了，这多半是为了孩子着想，希望给孩子创造一个看似完整的家。因为一旦被外人知道自己离婚了，就很容易招致骚扰，正所谓“寡妇门前是非多”，所以女人多半会把前夫当成挡箭牌，制造自己有丈夫、有婚姻、有家庭的假象，以继续获得婚姻（即便是假的）带来的安全和保护。

男人的心理则与女人完全不同。在婚姻关系内的男人有时还会为了拈花惹草而对婚外女人说自己已经离婚了；或者说自己的婚姻很糟糕，正在准备离婚；或者说自己根本就没有结婚。而一旦离了婚，男人多半会主动告诉外人自己已经离婚了，是出于无奈（比如没有住所）才与前妻住在一起，这样做的目的是为了能尽快找到下一段感情，为找个新女朋友而广做准备。即便离了婚的男人不想让外人知道自己已经离婚了，也可能是有想保住面子的心态，但绝不会有免受异性骚扰的心态。

亚茹和前夫离婚多年，但两人为了女儿离婚不离家，还一直住在一起。前夫整天不着家，并频繁和其他女人交往。亚茹知道没资格去约束前夫，毕竟两个人已经离婚了，前夫找女朋友也是正常的。问题出在两个人还生活在一起，前夫的一言一行仍会给亚茹带来影响。

原来，亚茹和前夫都没有对外宣称两个人已经离婚了。但前夫对此毫不顾忌，不仅在外面和其他女人约会，有时还趁亚茹不在带女人回家约会，这种情况让外人看见过好多次。这事传到亚茹耳朵里，令亚茹很难堪。亚茹认为既然两个人选择了隐瞒离婚事实，让大家认为他们还是一家人，前夫就应该注意自己的言行，现在这样明目张胆地与其他女人交往，就不怕被外人笑话吗？

亚茹很迷茫、很痛苦。彻底离开前夫吧，在外地上大学的女儿还没找男朋友，她不想让自己不幸的婚姻影响女儿一辈子，所以还想维持这个貌似完整的家，等女儿找了对象或结婚以后再彻底离开前夫。

亚茹之所以痛苦，并不是因为反感前夫找女朋友，而是在于她想要的安全环境（即使是由假性婚姻带来的安全）被前夫打乱了。这个安全环境不仅对她是有利的，而且主要是对孩子有利——能在孩子找到对象之前，营造一个看似完整的家。哪怕前夫已经偷偷有了女朋友，只要不对外声张两人已经离婚，不把这个相对稳定的“家”打破了，对她来说就是安全的。

亚茹的痛苦还在于不了解男女的两性心理差异，不了解婚姻对男女的不同意义。其实，男人并不像女人那样需要婚姻来抵挡纷扰与不安。男人在婚内出轨也好，离了婚之后再找女朋友也好，最想隐瞒的不是外人，而是妻子或前妻。可以说，男人担心的“麻烦”并不来自外界，给他带来不安稳因素的是避不开的妻子或前妻。

因此，在婚姻关系之内，虽然男人不会宣扬自己出轨，但在外人面前并不十分避讳。有些男人甚至故意张扬，把自己的情人带在身边不时地对外炫耀。谁知道都无所谓，只要妻子不知道就行，这是男人特有的心理。因为出轨男人有着“每个男人都好这口”的错误心理，认为大家不会太在意别人的婚姻情感，更不会去揭发别人的出轨行为，谁会主动破坏一个好端端的家庭呢？值得一提的是，男人很少意识到自己的出轨行为是破坏家庭的真正原因，反倒认为“多管闲事的、别有用心的”别人的告发才是破坏自己家庭的罪魁祸首。

女人则与男人的心理不同。女人会炫耀首饰，炫耀包包，炫耀穿着，炫耀长相气质……但绝不会炫耀自己有外遇。女人非常在意自己的尊严和名誉，这是女人所需要的安全感的一部分。如果女人在婚姻关系内有了外遇，那她对亲戚朋友、街坊邻居、单位同事的警觉性和对丈夫的警觉性是一样的，绝对不会让外人轻易发现。我们必须承认社会对女人出轨的接受度很低，一旦被大家知道了，女人的脸面是无处搁放的，要承受来自各方的压力，安全感根本无从谈起。因此，即使是出轨的女人，也需要婚姻为其提供安全庇护。

如果夫妻二人已经离婚，按理说男人找女朋友就没必要再背着前妻了，但很多男人还是会有“避妻心理”，找女朋友时还会偷偷摸摸的，害怕被前妻发现，这种心理往往是因为男人之前在婚内有“短板”、有“前科”、有“把柄”在前妻手里。而女人一旦离了婚，或者不找男朋友，或者大大方方地找，不会有背着前夫找男朋友的“避夫心理”，这与女人在婚内一般不会有“短板”、有“前科”、有“把柄”在前夫手里有关。

2. 提供安全隐私的家

对于女人来说，没有工作不丢人，没有收入也不可怕，但没有家是个非常严重的问题。男人可以浪迹天涯，人到哪里家就在哪里，而女人一定要有一个属于自己的稳定的家。女人为什么对家如此重视呢？这是因为家能为女人遮风挡雨，提供栖身之处，保证有安全的隐私空间。

有人说，女人的隐私都在家里完成，而男人的隐私都在家外完成。这话很有道理，假如男人有一些想遮遮掩掩、躲躲藏藏的隐私，一般不会放在家里，往往是放在家外，而女人有太多的隐私必须在家里完成。举个最简单的例子，女人休息、洗漱都需要一个私密的空间，一定要关上门窗，拉上窗帘，而男人可以在敞开的空间睡觉、洗漱，甚至光着膀子满大街逛，并不会觉得有什么不妥、不安。家对男人来说就是吃饭睡觉的地方，但对女人来说，家的意义非同寻常，可以给女人带来身心的安全。

女人的家和婚姻是一体的，没了婚姻就没了家。即使有独立的住处、稳定的工作，没有婚姻，女人还是会有不安全感，毕竟单身女人周围存在很多安全隐患。如果女人总是单身一人，无论到哪里，亲朋好友都不会放心，女人自己也未必能坦然安心；如果女人身边有个男人，但这个男人不是以其男朋友的身份存在着，那同样会令女人缺乏安全感；如果女人有男朋友陪在身边，即使暂时没有谈婚论嫁，女人及其亲朋好友都会比较放心。

也就是说，身边有“丈夫”、有婚姻对女人是十分重要的，主要作用就是提供身心安全的保障。像亚茹这样离婚不离家的女人对“家”都如此重视，对没有离婚的女人来说，家的重要性更是不言而喻。没了婚姻就没了家，就等于把女人置于大庭广众之下，女人就彻底失去了安全的保障。

女人的幸福感主要来自婚姻

人的幸福感可以有很多来源，婚姻、家庭、子女、工作、朋友、娱乐等都可以给人带来幸福的感觉。但男女的幸福感受点有所不同，男人的幸福感主要侧重于自身发展、自我成就的实践、实现；女人则以家庭和婚姻为主要侧重点，如果婚姻不幸，其他方面再优秀、再突出，也觉得不圆满甚至不幸福。事业很成功但婚姻不幸福的女人往往有种空虚无助的感觉，和事业成功的幸福感相比，女人宁肯要美满幸福的婚姻和家庭。

在这一点上，男人和女人截然不同。来自婚姻家庭的幸福感只是占男人幸福感的一部分。如果用百分比来描述的话，女人来自婚姻家庭的幸福感可达 90%以上，甚至是 100%，而男人能占到 60%就已经算很多了。因为男人把主要精力放在事业发展方面，很难在婚姻家庭方面体验到满满的幸福感。

俗话说："男怕选错行，女怕嫁错郎。"我们从这句话里也能看出男女各自关注的重点是什么。男人选错了行，就意味着一生将受此影响，很有可能一事无成或一蹶不振。当然，心理学早已证明男人的成功不取决于他所选择的职业，而是取决于他的人格。但女人嫁错了郎，无论在过去，还是在现在；无论是从理论上分析，还是从经验上总结，都确实是个不小的问题，而且结论都是一致的，那就是一旦婚姻出现了问题，受伤害最大的是女人还有孩子。

男人当然也会受到婚姻问题的影响，但离了婚的男人往往能迅速走出婚姻失败的困扰，快速寻找到下一个目标。而离了婚的女人很难在短时间内走出痛苦的阴霾，即便再婚，可选择的余地和条件也会大不如从前，这是个不争的事实。

丁宁是某事业单位的一位处级女干部，作风正派、为人善良，在单位非常受人尊重，并且有着一个令人羡慕的家庭——丈夫是一所大学的系主任、学术带头人、博导，孩子硕士毕业以后在国外读博，家庭条件非常优越，什么也不缺，想要什么就能买什么。然而，鞋子合不合脚只有脚知道，在外人看起来如此美满的家庭，却因丈夫的屡屡出轨让丁宁痛不欲生、生不如死。

以前的苦日子、难日子都熬过来了，现在丁宁却撑不下去了，她实在没办法忍受丈夫这样一个为人师表的高级知识分子竟然会屡屡出轨。她觉得无脸见人，甚至是低人一等，早就有了离婚的打算，但左思右想都觉得离婚这条路没法走。离婚原因没法跟孩子明说，说了害怕孩子受影响；也没法跟外人讲，还得考虑自己的脸面和丈夫的仕途、声誉，弄得她像自己做了亏心事似的，即使再难受也得在外面强打起精神。

丁宁和丈夫都是有文化、有修养的人，他们的家庭战争不可能闹得满城风雨，但没有硝烟的家庭战争不等于没有严重的对立和冲突。两个人为了出轨的事情冷战了很长时间，虽不伤身，却严重伤心。丁宁也曾盼着丈夫会回心转意、痛改前非，但丈夫的愈演愈烈之势令她万念俱灰，每天都过着暗无天日的生活。

其实，丁宁的幸福感已接近为零，甚至是负数了。家庭条件再好、工作成绩再突出、孩子表现再争气，也抵不过婚姻这一项对她的打击。我们假设一下，如果丁宁的丈夫没有屡屡出轨，一心搞教学、搞科研，而丁宁的工作很一般，生活也很平常，孩子也没那么优秀，但夫妻二人的感情非常好，那会是什么结果？想必多数人会给出“是个非常幸福美满的家庭”的结论。没错！对于一个女人来说，有什么能比幸福美满的婚姻家庭更重要呢？

女人的幸福感主要来自婚姻，不能说这是个错误，但确实是女人挺无奈的软肋，是女人很难更改的特性。这个特性让女人享受了幸福，也饱受了痛苦。女人意识到这一点的时候，一般已经遭到了婚姻情感的打击。就像年轻人不会想去养生，只有身体出现了问题，才知道保健的重要性一样。其实，女人的幸福感从一开始就应该有个合理的定位和规划。就像人对健康的管理，不能等大病爆发了才去关注，那就为时已晚了。

女人尽量不要把感情只盯在婚姻上，应该进行合理的分配，把注意力给家庭一部分，给孩子一部分，给工作一部分，给朋友一部分，形成“多条腿”走路。这样的话，无论遇到哪一种打击，都能有其他方面的情感支持，避免只有“一根筋”“一条腿”“一条路”。

1. 女人要有幸福的朋友圈

朋友圈不是可有可无的，而是一定要有的。对于女人来说，朋友圈要以同性为主，异性为辅，长幼皆宜。女人最易犯的一个错误就是婚后把自己的一切都放在家庭里，忽视了原来的朋友圈。女人的理由是自己无暇顾及、无力经营婚外的一切事情，仅仅是家里的事情尤其是孩子的事情，就已经让自己忙得焦头烂额。这个理由在一个时期内是成立的，但长此以往会把女人自己局限于单一的家庭琐事之中。

人一旦脱离了社会或群体，注意力就会变得相对狭窄。原来的注意力是发散性的，可以放在很多人或事上，脱离了社会或群体之后，注意力只能集中到一个人或一些小事情上，那个人的一言一行、那些小事情的微小变化，都会牵动自己的注意力、左右自己的情绪。

这恰恰是有些男人婚后想离开家庭的原因之一：妻子的注意力太过集中了，两个人本来有着各自不同的生活空间和交往轨迹，在一夜之间（结婚）却变成了只有两个人的单调空间和单一轨迹。这对两个人来说都是个不小的问题，适应起来有一定的难度，尤其是婚后注意力转移到自我发展方面的男人，就会出现情绪上的问题。

2. 女人要有健康完善的社会自我

一个聪明的女人不会只做家庭主妇，社会身份和社会角色是一定要有的，而且要在社会活动中充分发挥自己的作用。有些女人觉得自己家境富裕，丈夫完全可以养活自己，而且还有孩子需要照顾，所以对自己的事业不予重视。其实，女人参加社会活动，不仅是为了增加经济收入，更重要的是要跟上社会的发展和节奏。

女人一旦脱离了社会，就相当于"囚禁"了自己，成为家中的免费保姆，只尽到了相夫教子的义务，却忽视了自我的成长、与社会的接轨。女人为家庭付出很多，甚至做出巨大的牺牲，可以说这是女人的天性，堪称伟大，但付出的同时也要考虑规避风险。一旦女人只靠"一条腿"走路，"这条腿"就会负荷过重，万一遇有不测，极有可能面临无腿走路的危险。女人一定要树立这种风险意识，积极塑造健康完善的社会自我，这也可以为孩子、为家人带来良好的影响。

3. 女人要有自己的兴趣爱好

一般来说，女人在婚前都有很多爱好，比如看电影、逛街购物、旅游等，但婚后因忙于家务，往往无暇再顾及这些爱好。然而，一个人因故放弃了自己固有的兴趣和爱好，就会容易因一些小事而动怒，或借题发挥，或找机会、找理由发泄压抑的情绪。这是一个规律，无论是谁，无论何种原因，只要压抑了自己的主观愿望和爱好，脾气暂时可以不发，但积累到一定的程度就一定会发作。正确的做法是适当满足自己的爱好，不要单方面一贯性地压抑自己的兴趣。

女人因为孩子小，把很多精力和时间用在孩子身上无可厚非，而且是非常正常、天经地义的，但抽出一点时间满足一下自己的兴趣爱好，哪怕只是小小的满足也是非常必要的。因为满足了自己一点小小的愿望，内心就会获得一种小小的满足感，一些积累许久的负面情绪就会得到有效的倾泻，回过头来再对待家人、家务或孩子问题时，就会产生交换补偿心理，不会因积怨太深而发泄过多的不满情绪。

总之，女人的幸福感一定要多元化，不能只固定在婚姻情感一个方面。越是注意力集中到一个点上，越是容易发现这个点的问题，而且容易放大这个点的问题。所以，女人关注的点越多，心情就越放松，幸福感就越强，人就越容易被满足。

女人愿意付出一切代价来挽救婚姻吗

婚姻一旦出了问题，无论是谁的责任，女人都愿意去面对。即便是对方的责任，女人也愿意从自己身上找原因，一再检讨自己的问题，绝不会单方面指责是对方的原因，以期改善夫妻关系。这一点和男人有很大的不同。男人一般不会主动检讨自己的问题，即便是自己背叛了婚姻，也会把责任推到妻子身上，强调是妻子一步一步把自己逼出去的，这是多数出轨男人的做法。

女人对待婚姻较为包容

一般来说，男人对待婚姻是一种自私狭隘的心态，而女人对待婚姻是一种包容的心态。

女人不太计较男人的过去，但非常看重男人的未来。这种心理来自女人超强的感性意识。众所周知，女人是感性动物，男人是理性动物。女人通过自己的感觉去认识一切人事物，只要这个男人对自己好，哪怕别人说这个男人有多么不好，女人都不会轻信，只会相信自己与这个男人直接接触的感受。

因为女人觉得自己不曾参与、不太了解男人的过去，而别人的评价都会带有主观性，眼不见不为实，必须要靠自己的感觉去体察才能得出正确的结论。此外，女人重视的是男人未来对自己怎样，只要今后对自己好，那他的过去不是女人感兴趣的事情，甚至会觉得他过去的荒唐是因为没有遇到自己，他对自己是与众不同的，会为了自己而做出改变。

而男人恰恰与女人相反。男人十分看重女人的过去，对女人的未来未必非常上心。因为男人有自信把握女人的未来，却没有自信能掌握女人的全部过去。如果女人在认识男人之前，与其他男人（前男友）曾有过密的交往，就会被男人视为是对自己的“不忠”，甚至会把女人永远钉在“耻辱柱”上，在以后的婚姻生活中时不时就要拿出来嘲讽打击女人。

孟溪与万平结婚之前，两人的感情非常好，万平非常喜欢孟溪，对她狂追不止。当时孟溪的妈妈告诉万平女儿脾气不太好，好耍小性子，万平说没关系，自己脾气好，以后什么事都会让着她。孟溪的妈妈说女儿不会做家务，万平说没关系，结婚以后不让她做，自己来做。孟溪的妈妈觉得万平花言巧语，不放心让女儿嫁过去，但孟溪的父亲力挺女儿嫁给他。

恋爱两年后，孟溪与万平幸福地走进了婚姻。婚后没多久，万平就到外地工作去了，一走就是数年。这期间夫妻俩两地来往，小日子也过得有滋有味。有了孩子之后，孟溪就不工作了，带着孩子在老家和双方的老人生活在一起，很少去万平所在的地方。孟溪很诚实、很善良，对双方的老人很孝顺，没了工作之后非常心疼万平辛苦挣钱，攒着钱舍不得花。但后来这一点成了她的“错误”之一，万平说她不会花钱，只知道存钱，生活没情调。

孩子三岁时，万平对孟溪的态度发生了翻天覆地的变化。而孟溪从开始怀疑到最终确认万平喜欢上了其他女人，前后有一年多的时间。有一天，万平从外地赶回来，执意要跟孟溪离婚，坦承自己有了更喜欢的女人，对孟溪已经没有爱了。万平离婚的态度非常坚决，说结婚前自己什么也不懂，现在已经忍受不了孟溪身上的缺点，而且曾给过孟溪“改过自新”的机会，是孟溪一直不肯改。孟溪一头雾水，怎么忽然自己就有了那么多丈夫不可容忍的缺点？万平一口咬定和孟溪不是一路人，这次他遇到的女人让他有了重生的感觉，他要为自己活一次。

两家老人都非常反对他们离婚，万平的父母完全站在孟溪这边，明确表态如果两人离了婚，他们就断绝和儿子的来往，宁肯和孟溪及小孙子一起过，也不会接受儿子在外面的女人。然而，这依然没能阻挡万平离婚的决心。心眼不多、情商不高的孟溪在万般无奈之下，被万平逼着去办理了离婚手续。万平净身出户后就立刻赶回外地，一刻都不愿和孟溪待着。孟溪认为万平是一时鬼迷心窍，一心要等着万平回头，就这样带着孩子跟公公婆婆生活在一起，从没想过再嫁。

孟溪婚姻的失败对她父母的打击非常大。尤其是曾经力挺万平的父亲，完全无法面对孟溪被抛弃的事实，每天都活在自责悔恨中，不到一年的时间就去世了。谁也没想到，离婚三年之后，万平放弃了外地的工作和那个让他重生的女人回来了，但他什么都不愿意说，更没有任何解释。这个结果是孟溪一直痴心等待的，她也什么都不想说，只是用一双怀疑、恐惧、悲伤的眼睛不停地偷看万平，直到万平说要复婚才狠狠地哭了出来。

女人对待婚姻的包容和坚韧是非常强大的。如果丈夫坚决要离婚，有些女人还是会放不下，还是会选择等待，还是会愿意原谅；如果丈夫在婚姻内给自己带来了巨大的伤害，多数女人还是会付出百分之百的努力去挽救。女人会在心底惦念着曾经相爱过的男人，如果有了孩子，更是会考虑到男人是孩子的父亲，一切都从孩子的角度去打算，留一份责任和义务给男人，不让孩子失去父爱和本该拥有的家。

胡灵和丈夫张宇的婚姻早就亮起了红灯，主要问题是张宇酗酒且酒后经常家暴。张宇一周当中至少有两到三次酗酒，每喝必醉，醉酒回来就像个凶神恶煞，一直骂骂咧咧，一副要到处找茬打架的架势，而且一定要和胡灵纠缠一些过去发生的事情，比如哪天胡灵说了一句什么不好听的话，哪件事胡灵没做到他心里去，等等。

胡灵早就摸透了张宇的秉性，只要他喝了酒就远远地躲着他，但他非要追着胡灵骂，胡灵越是躲开，他就越是暴躁，最后就会动手暴打胡灵，这已经成了规律。每次被打后，胡灵都有离婚的念头，但张宇第二天酒醒后都会真诚地赔礼道歉，说自己喝了酒就什么也不知道了。胡灵也知道他动手打自己确实是因为意识不清醒，未必是有意为之，所以一直忍让着他。

有一次，胡灵从张宇的微信上发现他经常和女人聊大尺度的话题，甚至还留有开房记录。胡灵质问张宇是怎么回事，张宇始终一言不发，只是低着头抽烟，就连胡灵说要离婚也没半点反应。结果，当天晚上张宇喝醉酒回家，非要找胡灵理论不可，对微信聊天的事一概不承认，说着说着就又动起手来。邻居听到吵闹声太大就报了警，警察到现场调解时，告知胡灵《反家庭暴力法》自2016年3月1日起就正式实施了，像张宇这种家暴行为，只要胡灵提起诉讼就可以追究他的刑事责任。

然而，在派出所做笔录的时候，胡灵的心又软了，因为警察提醒她，张宇被判刑后工作可能就保不住了，孩子将来的发展也会受到一定的影响。这两点让胡灵非常为难，她想让法律狠狠地制裁张宇，让他得到应有的惩罚，但他一旦被判刑，没了工作，这个家怎么生活呢？即使离了婚，孩子将来也会有很大的负担，得养着这个没有收入、只知道喝酒闹事的父亲。胡灵思前想后，最终还是放弃了诉讼权利，以调解的方式与张宇达成了和解。

我们假设一下，如果是妻子对家庭不负责任，一天到晚不着家光酗酒，还对丈夫有暴力倾向，那丈夫会怎么做呢？恐怕为了孩子、为了家、为了保住妻子的工作而继续忍受妻子家暴的男人不会很多。

女人和男人的心态有所不同，在面对不负责任的丈夫的时候，一般情况下，女人首先会对丈夫进行规劝和挽救，不会用离婚来解决这个问题。女人对离婚的惯性思维是，即使和现在的丈夫离了婚，下一个男人就一定会比现在的丈夫好吗？说不定比他还差。即使不酗酒、家暴，难道就没有其他方面的问题吗？说不定还会有赌博、出轨、吸毒等其他方面的问题。女人都有这种担心。

其次，女人会考虑孩子的成长问题。女人考虑最多的还是孩子，丈夫再不好也是孩子的亲生父亲，对孩子肯定是真心的。如果离婚了，不仅自己一个女人带着孩子很困难，而且孩子缺失父爱，长大后心理出了问题怎么办？孩子将来的对象嫌弃孩子是单亲家庭怎么办？这是女人最担心的问题。

女人总是会综合考虑多方面的利益来对待婚姻家庭问题。比如，胡灵如果拿起法律武器严惩了丈夫，她是出了这口气，也是丈夫罪有应得，但接下来给家庭和孩子带来的负担怎么办，不还是都得自己扛吗？负担甚至会比离婚前更重，还要承受他人的指指点点。所以，胡灵权衡利弊、思前想后，最后不得不接受私下调解，放弃了用法律手段为自己维权。这也是很多女人为什么不愿寻求家暴司法救助的原因之一，虽然惩罚的是罪有应得的丈夫，但最终受到伤害的还是自己和孩子。

因此，女人在遭受婚姻情感打击的时候，不是不想替自己考虑，而是没有办法两者兼顾。要是只考虑自己，那最好、最简单的办法就是离婚，但女人根深蒂固的家庭观不允许也不支持女人这么做。家对女人来说非常重要，不到万不得已的时候，女人是下不了决心彻底放弃家庭的。即便是一个千疮百孔、破烂不堪的家，女人也不会轻易放弃，尤其是一考虑到孩子，女人的心就酸酸的、软软的，为了孩子，女人宁肯牺牲自己的幸福。

女人会以极端的方式面对婚姻危机

在面对婚姻情感打击的时候，有些女人会以伤害自己为手段来挽救或惩罚婚姻。德国著名两性关系专家赫希菲尔德认为，男女在生理和心理上有着巨大的差异，男人以攻击和占有为主要生理和心理特征，女人则以怯弱、被保护和寻求安全稳定为基本生理和心理特征，因此，在面对婚姻情感打击的时候，男人多表现为指责或惩罚对方，而女人多表现为以怯弱、受伤的姿态寻求对方的怜悯与同情，以此来挽回婚姻。

以极端的方式对待婚姻情感打击的女人常常见诸报端：

一个男人与小三在河边散步，妻子突然出现在他们面前大吵大闹。在三个人相互争吵推搡的过程中，妻子可能感觉到男人在保护小三，一气之下便跳了河。男人见状立即跳进河里施救，但由于水流湍急，两个人的水性都不好，结果夫妻二人都溺水身亡了。

一个女孩因男朋友劈腿，一气之下喝下了剧毒农药百草枯，虽然被及时发现送往医院抢救，但最终还是没能挽救回她年轻的生命。

一个女人抱着5个月大的女儿、领着3岁大的儿子从21楼跳下，三人当场毙命。一个儿女双全的家庭毁于一旦的原因竟是丈夫出轨，她再三劝说、再三阻挠都无济于事，万念俱灰之下做出了如此荒唐的举动。

……

中国婚姻咨询救助网在近十年来接受的全国近两万个家庭的咨询中发现，前来求助的95%是女人。其实，在一般情况下，在婚姻家庭关系中起决定作用的是男人，女人多处于被动地位；一旦婚姻家庭出现问题，女人则会变为主动，会积极地寻求解决问题的办法，而男人多处于被动。

女人受性格、心理特点及婚姻事件的性质的影响，对婚姻问题会有不同的反应，大致有以下三种类型。

1. 无力面对，一死了之

男女在对待婚姻问题上的态度不同。男人进入婚姻以后，会把一部分情感从原来集中在妻子一个人身上，逐步转移到妻子以外的几个人身上，比如亲属、朋友、同事或其他异性知己等。而女人进入婚姻以后和男人正好相反，会把情感从原来几个人（父母、闺蜜和同事等）身上，集中转移到丈夫一个人身上。可见，男人的情感关注点逐渐趋向多角度、多层面，女人的情感归属感则逐渐趋向单一。

女人这种独特的心理特点造成了女人对婚姻的超强依赖，一旦婚姻出现问题，女人最重视、最珍惜的情感将出现结构性的坍塌，这对女人来讲是无法承受的。由于缺乏面对和解决婚姻情感问题的能力，有些性格偏执的女人容易采取极端的方式，甚至拿生命来抗拒婚姻情感问题给她们带来的伤害。

2. 情感重度受创，出现严重心理障碍

一般情况下，女人在面对婚姻情感问题的时候处于被动地位：女人想改善关系，但对方未必愿意配合；女人想解决问题，但对方可能不予理睬。如此一来，女人的内心会从轻度受伤发展成重度受创，心理层面会从一般的心理问题发展成严重的心理障碍。许多原本很健康、很快乐的女人就是因为遭受了婚姻情感的打击，身心系统发生了巨大的变化，最终患上抑郁症、焦虑症甚至是精神分裂症，令人痛心和惋惜。

3. 动辄提离婚，不考虑后果

因性格问题引发的婚姻矛盾越来越多，早已屡见不鲜。尤其

是80后、90后，动辄把离婚挂在嘴上，从不把重点放在如何解决婚姻问题上。一开始说离婚，双方都不会当真，但经常说离婚，势必造成逆反心理，极有可能赌气离婚。有的人离婚后紧接着就进入另一段婚姻，根本没有认真对待过去的婚姻问题和刚刚建立的婚姻关系，只是赌气而已。

性格不合确实是婚姻的一大障碍，但怎样对待夫妻间的不同性格是摆在年轻夫妻面前的一个课题。很多自以为是、以自我为中心的年轻人会把对方的不同意见当成是“性格不合”，只把对方的缺点看得“清清楚楚”（其实未必客观），完全意识不到自己的问题，缺乏知己知彼的能力，更缺乏对配偶的尊重和理解。这个问题在独生子女当中非常普遍。

从以上三种反应类型来看，女人在面对婚姻问题时存在应对能力上的不足。女人在遇到婚姻问题时，一定要先冷静下来，不要以发泄情绪为主要目的和手段，在搞清楚所有问题的性质、找到解决问题的办法或想清楚可能的出路后，自己再找个地方或找种方式彻底发泄。这是女人在面对婚姻问题时最聪明的做法，否则，过程中的发泄只会造成夫妻情感关系的“拉锯战”，发泄一次、痛苦一次，吵闹一次、伤心一次，不仅对婚姻问题的解决没有丝毫的帮助，相反可能会把自己逼进死胡同。

女人伤害自己是为了恫吓对方

女人在婚姻情感方面处于弱势确实是个不争的事实，无论怎样宣称男女平等，至少在婚姻情感领域，男女是做不到完全平等的。很少听说一个男人遭受了婚姻情感打击，为了不放弃婚姻而做出了不懈的努力。大多数情况是女人在遭受了婚姻情感打击之后，想方设法地拯救自己的婚姻，积极解决婚姻问题。世界上几乎每个国家都设立了妇女儿童权益保护组织，还没听说有哪个国家设立过男人权益保护组织，这充分说明男女在婚姻家庭方面是很难实现完全平等的。

当女人无论做何努力，男人都不回头的时候，这会从根本上动摇女人对安全和稳定的心理预期。当女人认为自己已经没有安全保障的时候，是女人最危险的时候。就像一个不会游泳的人掉进水里，这时原有的安全稳定心理彻底坍塌了，不管抓住什么都是救命稻草。

女人拯救自己婚姻的时候也会有这种心理，只要有人说能帮她挽救婚姻，她就会拼了命去寻求帮助。为了迎合女人这种拼命保护婚姻的心理需求，社会上出现了形形色色的婚姻救助机构，还有一些人更是打着为女人维护婚姻的幌子招摇撞骗，让女人钱色受损、身心俱疲。

当女人失落到一定程度的时候，应激性的抑郁状态就很容易产生，伴随抑郁状态最常见的行为就是自残或自杀。女人只要没有了安全感，生命的危机感就会随即产生——与其让别人来伤害和欺负自己，不如自己把自己给“解决”了，这是女人在安全感缺失的应激状态下最容易产生的心理问题。

在婚姻情感关系中，女人的自残行为是为了引起对方的注意。如果对方连自己的生命都不在意了，自残或自杀的行为就达到了两个目的，一是验证了对方对自己的态度（没有失去生命的前提下）；二是真的结束了自己的生命，有些女人本来是想吓唬对方的，结果弄假成真了，就像前面跳河自杀的那位妻子。

莫纤是一名刚过30岁的年轻妈妈。她的丈夫有外遇和性格方面的问题，她与婆婆之间的关系也不太融洽，还有很多其他问题交织在一起，而且多年未能解决，为此她整天和丈夫打架。

一次，莫纤和丈夫在卧室吵架，一怒之下她从三楼窗户跳了出去，丈夫上前一把没抓住，眼睁睁地看着她掉了下去。幸好是三楼，也幸亏被外面的平台挡了一下，莫纤人虽然摔了下去，但性命还是保住了，当然后果还是很严重——腰椎和双腿粉碎性骨折、胆囊摔破，在医院里住了好几个月。

莫纤出院半年后，丈夫还是和她离了婚，她的冲动行为并没有帮她解决任何婚姻家庭问题，原来的矛盾依然存在，两个人的关系也没有因为她的这次跳楼而有任何的改变。

后来，莫纤回忆起当时的自己，感慨地说："女人真的很傻，总想用伤害自己的方法来恫吓对方，其实这样做一点好处都没有，当对方已经不在乎你的时候，你再怎么制造噱头也没有用。"她庆幸自己没有摔死，假如真的摔死了，说不定对方还更省心、更高兴呢，相当于自己帮人家解决了一个大难题。

遇到婚姻问题时，女人最需要做的是改变心态。只要对方不再关心爱护自己了，女人一定要识时务、知进退，要明白以伤害自己为代价来挽救婚姻的做法是非常愚蠢的，吃亏受罪的永远是自己，有可能伤了身体或丢了性命，最终还是成全了对方，非常不划算。

女人在挽救婚姻时应该怎么做

挽救婚姻必须调整好心态

女人很容易在感情受到伤害的时候出现各种失控状态，但女人有所不知，男人是非常反感女人这种状态的。当然，男人的行为也确实突破了女人的底线，但我们在这里重点讨论的是挽救婚姻，是让男人回归家庭，所以女人首先要有所克制。挽救婚姻时，女人必须调整好自己的心态，努力做到以下几个方面。

1. 不要一味地否定和指责

在婚姻情感出现问题时，不受伤是不可能的，适度的情绪发泄是必要的，但一定要有度，要克制情绪，否则对双方都不利，这是拯救婚姻的前提。一味地否定和指责对方，解决不了对方存在的根本问题，相反有可能会令对方更加远离自己，而且情绪越大、越激烈，对女人自身的伤害就越大，对夫妻关系的伤害也会很大。

2. 不要只站在个人立场上

即便是对方的错误和问题，也要尽可能地为对方着想。在面对丈夫出轨的问题时，还要为第三者着想，不要一味地谴责她，要尽量理解她，其实她也是这场悲剧的受害者。这种表达不会从感情上疏远丈夫，相反会唤醒丈夫未泯的良心，令其产生自责感。

3. 从心理上强大起来，在情绪上弱小下去

这是女人在面对婚姻家庭问题时的最好心态。如果做反了，就会像莫纤一样，只会用过激的手段与对方抗衡，结果变得非常被动，自己受伤不说，丈夫也不会回心转意，根本得不到想要的结果（因为手段是破坏性的）。俗话所说的“女人情绪越大，男人就越不像话；女人情绪越小，男人就越是乖巧”是有一定道理的。所以，女人千万不能情绪冲动，只要先从心理上强大起来，别被婚姻问题压倒，对方就会变得很渺小。

4. 敢于大胆地放手

放手确实需要一定的勇气，但只要有了这种底气，内心就会生成一种维护婚姻的“锐器”。男人的软肋是不想放弃任何属于自己的女人。无论是妻子还是情人，谁提出离开，男人都很难过，这是个事实。首先提出离开的女人往往更容易占据男人的内心，又吵又闹的女人往往最容易得罪男人，令男人越离越远。

在现实生活中，往往最能吵闹的是妻子（因为妻子是婚姻的受害者），最老实的是第三者（因为第三者理亏）。男人内心是同情弱者的，此时的妻子和第三者比起来，男人会把第三者当成弱者予以保护。所以，女人要善于示弱，即便自己很委屈，也要敢于大胆地放手，让男人自己去选择。正所谓“强扭的瓜不甜”，在

面对男人出轨这个问题上，女人的强势只能给自己带来更不利的后果。

5. 尽量少诋毁男人

虽然男人做了伤害婚姻的事，本应该受到严厉的声讨和谴责，但男人的自尊心非常强，一旦威信扫地，男人就会破罐子破摔，这是男人在婚姻心理方面的通病。

女人在还没有做出最后抉择之前，不要轻易把男人说得一无是处，因为女人的目的是让男人回归家庭，当下的过分语言和行为都会成为今后生活的定时炸弹。即使女人最后选择饶恕男人出轨或其他方面的过分行为，但男人很有可能因为之前女人对他的过分语言或行为而不“饶恕”女人。

在对待过失语言或行为的问题上，男女同样没有平等可言，而且男人更小气，更容易耿耿于怀、斤斤计较。所以，女人一定要控制好情绪，少说过分的话，少做过分的事，对将来一定有好处。

6. 给男人出路等于给婚姻希望

女人的情绪化或过激行为会令男人非常反感，男人会把这种行为当成是对男人尊严的严重挑衅，尽管是男人有错在先，但他也不希望女人用这种方式来解决问题。假如女人能给男人出路，就会被男人视为“恩人”。在婚姻情感关系上，男人有时像个孩子，需要“恩人”（女人）的恩赐和关照，谁给他的恩赐和关照多，他的心便倾向于谁，这是男人在情感方面的特点。

挽救婚姻必须坚持原则不退让

一心想挽救婚姻的妻子，一般顾不上遵循太多的原则，只要丈夫能回归家庭，能放弃婚外的女人，妻子就心满意足了。其实，这样的想法是错误的，会助长男人再次背叛婚姻的行为。

因为男人的出轨成本太低了，受不到任何惩罚，没有任何负担，只要妻子能够接受、愿意接受，他就可以肆无忌惮地“出去”，然后再理所当然地回来，而且什么损失都没有，也不用顾虑什么，反正妻子是不愿意离婚的。

男人只要摸透了女人的这种心理，他的出轨动力就会更加强劲。所以，女人要想真正彻底地挽救婚姻，就要了解并努力做到以下几步。

1. 明确摆明自己的底线

女人要明确摆明自己的底线，让男人清楚地知道有些错误允许犯，有些错误不允许再犯，有些错误就不允许犯！

错误可以分为以下三种类型。

（1）非主观性的不健康的习惯行为

比如做事拖拉、丢三落四、不讲卫生、脾气急躁、自以为是、不善交往等。这类行为和遗传、性格、生活习惯有关，在婚姻生活中属于可以原谅，但也需要改正的错误。

（2）主观性的不健康行为

比如，明知道不应该伤害配偶或家人，但由于控制不住自己的情绪，还是给对方造成了伤害。这类行为带有极强的主观性，改变起来有一定的难度。但是，即便这种错误被指出几次后，还是没有得到彻底改正，也未必非要通过离婚来解决，而是应该通过疏导、规劝和心理咨询等方式加以干预矫正。

（3）主观故意性的恶性行为

比如严重的道德败坏、严重的家庭暴力、严重的变态行为，甚至是犯罪行为等。这类行为不仅带有强烈的主观故意性，而且是在伤害他人、危害社会的前提下实施的，是触犯道德或法律底线的行为，属于非常严重的错误，不能在家庭关系里存在。如果过去由于缺乏了解而一再原谅，那现在知道了严重性，就应该立刻解除婚姻关系，绝不能姑息迁就。

2. 对严重的家庭暴力零容忍

所谓“严重”即不分青红皂白，攻击伤害对方的手段十分残忍，下手很重，给对方带来严重的身体和心理伤害。这类家庭暴力只要出现一次，就应该直接放弃婚姻，这是个原则。

家庭暴力对女人的伤害是极其严重的，重者会危及生命，轻者也会带来严重的心理摧残。更为关键的是，家庭暴力是会“上瘾”的，施暴者的施暴行为不仅不会得到抑制，反而会一次比一次严重，施暴者会在施暴过程中“尝到甜头”，得到“快慰”。

所以，女人一定要对严重的家庭暴力零容忍，而且一定要拿起法律武器维护自己的合法权益，坚决不能以情论事，否则女人就会沦为家庭暴力的牺牲品，而且永无安宁之日。

3. 尽早积极化解冷暴力

其实，冷暴力是最常见的婚姻问题。对方不说离婚，也不说不离婚，婚姻关系虽然存续着，夫妻双方却感受不到一丝家庭的温暖，既没有热情，也没有关怀，就像一潭死水，这种婚姻状况在现实生活中极为常见。

冷暴力其实有两种情况，一种是故意为之，另一种是性格使然，这两种情况是要区别对待的。故意为之的冷暴力一般与外遇有关，因为外面有情人，所以想冷却夫妻之间的情感关系，但未必是有离婚的打算，只是想把更多的激情和热情用于婚外。性格原因导致的冷暴力往往与比较严重的心理问题有关，比如抑郁症、焦虑症等心理疾患往往伴随有人际关系障碍，在婚姻家庭关系上表现出来就是冷暴力。第一种情况必须结束婚外恋，第二种情况必须治疗心理疾患，才能最终解决冷暴力。

夫妻双方在感情问题上“交战”时，都有“摸着石头过河”的心理，都在试探对方的下一步会怎么走，谁都没有成熟的模式和经验。遇到家庭冷暴力，女人一定要勇敢说不，要么尽早化解冷暴力，要么解体婚姻，这是女人应该具有的基本态度。

女人必须给男人一个响亮的声音——要想好好过日子，就要彻底解决问题，拿出诚意，寻找办法；要想结束关系，就没必要拖泥带水，持续冷战对谁都没有好处。一旦女人亮出了底牌，男人就会根据女人的态度调整路线。如果男人对女人的声音置若罔闻、无动于衷，那女人继续等待就没有意义了，只是耗费自己的生命，这时有两个解决途径，或者找权威专业的婚姻问题专家咨询干预，或者干脆离婚。

4. 勇于揭穿一而再、再而三的欺骗

女人都喜欢听男人说好话，即便知道男人说的是谎言，女人也愿意听、愿意相信，多数女人没有抵抗男人谎言的能力，这也是女人的软肋。其实，女人原本最讨厌男人说谎，最希望得到男人的真心真言，但遗憾的是女人不得不经常面对男人的谎言，有时即便知道男人是违心的，女人还是宁愿相信男人说的不是谎话，这种体会几乎每个女人都有。

然而，只要男人有说不完的谎言，婚姻就不可能存在信任。女人对婚姻的信任感与男人的真诚度有直接的因果关系，男人越真诚，女人从婚姻中体会到的信任感和幸福感就越强烈。这就是为什么女人在恋爱的时候倍感幸福的原因，因为那时男人对女朋友的真诚度接近百分之百。

因此，当男人出现一而再、再而三的欺骗时，女人一定要拿出保护自己的勇气，勇于揭穿男人的谎言，对男人的欺骗坚决说不！女人要遵循宁肯独自生活也不在男人的谎言下生活的原则，

这是对自己也是对婚姻负责的态度。

5. 果断放弃没有感情的婚姻

有人说，爱进入婚姻以后就会变成情，爱情久了以后就会变成亲情。其实，婚姻应该是越持久，爱情越深厚，这才符合健康婚姻的规律。因为人是感情动物，别说是夫妻这种人与人之间的爱情关系，就是人与宠物之间也会因为长期的亲密交往而产生一种情感依赖关系。难道夫妻之间的爱情关系比不上人与宠物之间的情感关系吗？实际上，这涉及情感关系中的矛盾问题。

人对宠物的感情是在沟通交流不对等的情况下建立起来的，宠物只会接受主人的命令，不会和人发生矛盾，情感关系自然不会因受到冲击而变质，反而会随着时间的积累而越发亲密。而夫妻双方之间相处久了，一定会产生很多的矛盾或对立，而且这种矛盾或对立是相互对等、互为因果的，并且会随着时间的积累而加深，甚至变得错综复杂，最终就会影响夫妻之间的感情，使爱情变成亲情。如果宠物也和人一样具有和主人互为因果的矛盾，那么人也不可能和宠物保持历久弥新的密切情感关系。

因此，爱情之所以会全变成亲情，核心原因就是夫妻之间矛盾的互相伤害。解决了这个问题，爱情不仅不会变成亲情，反而会越爱越深。

巴金一生只爱过一个女人，那就是他的妻子萧珊。在28年的婚姻生活中，夫妻俩从未吵过架红过脸，始终相亲相爱、相濡以沫。巴金在妻子仙逝的时候说："萧珊永远都是我生命中的一部分，即使她现在先行我一步，她的骨灰里也永远都有我的血和泪，在我的意识里她永远都不会离开我，也从未离开过我，待我老去以后，我的骨灰将和她的骨灰搅拌在一起撒在园中给花树作肥料。"这样的爱情不禁令人动容。

大家耳熟能详的钱钟书和杨绛的婚姻堪称天作之合、人间典范，他们一生一世相知甚深，相爱终身，高度默契，从无二心。还有大家甚为喜爱的周恩来总理与邓颖超大姐、冰心与吴文藻、傅雷与朱梅馥……他们的婚姻情感里不仅有亲情，更多的是爱情。

这些只是我们熟悉的一部分名人的幸福婚姻，不知其名的幸福婚姻就更多了。大家不要只是羡慕这些人的幸福婚姻，更重要的是要学会他们的婚姻经营术。他们的婚姻里装的都是满满的尊重、理解、爱护和真诚，他们给予对方的是全心全意的付出和奉献，很少计较夫妻之间的小脾气、小得失或者小打小闹。

幸福的婚姻一定是夫妻双方一直把对方当成婚前的那个她（他），眼里总是能看到两个人婚前的样子。做到这一点其实并不难，关键是懂不懂方法，重点是想不想这样做，难点是有没有毅力，这是需要夫妻双方共同努力才能做到的。

第4章

为婚姻做个解剖

是什么导致婚姻问题的产生

如何判断婚姻问题是“癌症”，还是“良性肿瘤”

如何运用现象学还原法诊断婚姻问题

婚姻分析是最近几年才兴起的，过去大家总觉得婚姻问题不就是夫妻俩吵个架嘛，有什么大不了的，而且认为“夫妻吵架床头吵床尾和”，不把婚姻问题看成是原则性的大问题，更谈不上什么婚姻分析。其实，婚姻问题并不是“床头吵床尾和”这么简单，这里面有很多的规律和知识需要大家了解并运用，否则问题会越来越多，越来越严重。

是什么导致婚姻问题的产生

婚姻问题几乎是家家都要面对的。爱情矛盾可以导致婚姻问题，婆媳矛盾可以导致婚姻问题，性格缺陷可以导致婚姻问题，价值观、生活习惯不同也可以导致婚姻问题，而最为常见的人格与心理不健康导致的婚姻家庭问题，是婚姻最大的杀手。

婚姻的第一杀手——人格不健全

说到人格，很多人可能会觉得既熟悉又陌生，熟悉是因为经常说起这个词，陌生是因为并不十分清楚它的确切含义，往往与人品相混淆。其实，人品只是人格的一部分。人格是一个非常复杂的概念，是一个人独特而稳定的性格、气质以及能力等各方面特征的总和，包括人生观、价值观、人的行为方式和个性习惯等，应该说包含了人所有的行为及意识特征。

人格是怎样形成的呢？科学家给出的答案是：40％来源于遗传，60％来源于后天的成长环境。

1993 年，《科学》杂志发表了荷兰奈梅亨大学遗传学家汉・布鲁纳对荷兰一个很特殊的家族进行的跟踪调查报告。报告发现这个家族的很多男人具有一致的恶劣行为，喜欢裸露身体、纵火、调戏女人等，他们的愤怒阈值非常低，一些常人看起来不值一提的挫折和压力也会激怒他们，并且经常攻击他人、制造事端。

汉・布鲁纳在对他们进行遗传分析后发现，这些男人（从长辈到晚辈）的体内都缺少一种微量元素——单胺氧化酶，这种元素的缺乏会引发肝病或精神类疾病。这一发现证实了遗传基因与人格存在关联性。

人格除了受遗传因素的影响以外，还会受成长环境的影响。几乎我们所有的行为特征、认知习惯、观念意识等，都与我们的成长过程和家庭环境有关。我们常说“父母是孩子的第一任老师”，如果父母存在人格方面的问题，一般会在具体行为中影响孩子的人格发展，因为孩子会在成长过程中模仿父母的言行。

人格不健全主要体现在以下六个方面，对婚姻产生的消极影响非常大。

1. 人际交往关系不畅

人际交往关系不畅主要表现为缺乏人际沟通和交往能力，内向偏执，自以为是，以自我为中心，对他人缺乏理解、尊重和热情，完全靠自己的主观片面感受去处理人际关系。比如，与对方一直相处得很好，就因为对方一句话或一个不经意的行为对他有“冒犯”或“不敬”（其实，并不意味着对方对他的否定），从此便记恨或疏远对方。

人际交往关系不畅不仅仅表现在与同事、朋友等外部关系处理不好上，在婚姻家庭关系上也同样处理不好。有个顺口溜是这样来形容人际交往障碍者的家庭关系的：和父母的关系——不亲不疏，和妻子的关系——时紧时松，和孩子的关系——家长作风，和亲戚的关系——从不主动。在家庭关系中，人际交往障碍者总是有这样一种意识，即他对得起所有家人，但所有家人都对不起他，也不够尊重他，因此他不愿意和家人多交流。长此以往，家庭关系就会趋于冷淡，给家人带来无尽的烦恼和痛苦。

2. 社会适应能力低下

社会适应能力低下主要表现为对一般性的社会应激刺激反应

强烈，不能承受中小强度的生活、社会、家庭或工作压力，对生活、工作、学习等客观环境的变化十分敏感，并且无法适应。

社会适应能力低下的人对各种错综复杂的事物的包容度很低，不会接受任何与其观点不同的想法和言行，表现在家庭关系上就是只要家人的行为、语言、观点等与他不同，就会否定家人的一切，并在情绪和态度上与家人格格不入，甚至会产生强烈的抵触和对立。这种否定性的情绪和态度带有强烈的对抗性和指责性，会令家人感到不被尊重，甚至会觉得人格受到侮辱。

3. 自我认知能力缺乏

自我认知能力缺乏主要表现为不能客观地看待自己，总觉得自己高人一等，即便自己的生活、事业、家庭等并不顺利，也不会认为是自己的问题，反而觉得自己生不逢时，怀才不遇，或是觉得别人对不起自己，不重用自己等。

由于缺乏客观的自我认知能力，在婚姻家庭关系上就会表现出强烈的大男子主义，做事不与家人商量，独断专行，自以为是，做错了事也绝不会承认，并且整天在家人面前吹嘘自己的“能耐”，标榜自己是“天才”，之所以现在还“不甚成功”，主要是机会不好，生不逢时或没有遇到伯乐等，一再强调只要自己遇上了好的时机，就绝对不会输给任何人。这种幼稚无知的自我意识会令家人十分反感，而且无论家人怎样劝说，都无法改变他们根深蒂固的想法，家庭关系会因此蒙上阴影，无法沟通。

4. 生活态度悲观消极

生活态度悲观消极主要表现为总觉得一切都不顺意，总是怀疑一切、指责一切、否定一切，对学习、工作和生活缺乏激情和热情，情绪低落，牢骚满腹。

悲观消极的生活态度对婚姻家庭的影响是毁灭性的。任何人的婚姻家庭生活都不可能总是一帆风顺，遇到形形色色的问题在所难免，但在生活态度消极的人的眼里，所有的家庭问题都是原则性的大问题。他们总是上纲上线，把婚姻、家庭和孩子的问题说得非常严重，而且他们觉得只要是别人的问题都是严重的，自己身上的问题就都不是问题，这种主观利己、客观排他的态度令家人无法忍受。

5. 情绪控制能力低下

情绪控制能力低下主要表现为不善于控制自己的情绪，动辄情绪激动、大动肝火，甚至会因为一点小事就歇斯底里、暴怒不止，而且对人多有否定性评价或攻击性语言，不懂也不会尊重别人，常常树敌却不自知。

在生活中，脾气暴躁、不善控制自己情绪的大有人在。他们常常为了一点小事就大动干戈，其实他们发的火大都是无缘无故的，只是他们自己的情绪发泄而已。他们往往对外伪装得很好，给人一种温和谦逊的感觉，但一回到家里就原形毕露，好像家是他不需要伪装的地方，家人就应该承受他的负面情绪。由于经常对家人施以精神暴力，家庭中每个成员几乎都生活在恐惧和不安当中，对婚姻关系、家庭关系、亲子关系的危害非常大。

6. 人生观、价值观扭曲

人生观、价值观扭曲主要表现为看问题总是消极片面、以偏概全，不善于关注、欣赏和评价事物积极的一面。物欲严重，金钱至上，没有社会责任感，事不关己高高挂起，对人对事态度冷漠，没有同情心，从不主动关心帮助别人，把别人对自己的帮助看成是理所应当的，把自己对别人的一丁点付出看成是巨大的施舍，如果别人不对他表示感激，就会永远记恨在心。

人生观、价值观是人看待社会和处理事物的方法论，正确的价值观、人生观是指人具有客观地看待人和事物的能力。美国著名人本主义心理学家悉尼·乔拉德在《健康人格》一书里写道：一个人格健康的人，其行为一定是理智的，其行为方式和主观意识一定是在热爱自我，尊重他人、自然和社会的前提下，充分地满足自己和他人的需要和尊严，最大限度地体现自己和他人的价值，并在充分实现自己愿望的基础上兼顾他人的利益和愿望。这就是一个人格健康的人所应该具有的人生观、价值观。

人生观、价值观是人格的基础，一个人最可怕的人格缺陷就是人生观、价值观扭曲。一旦人生观、价值观扭曲了，人格就会受到非常大的影响，看待或处理社会上形形色色的人和事的时候就会变得极端化，而这对婚姻家庭的伤害无疑是致命的。

高爽的姑父在省里当领导，把高爽安排到了一个省直部门工作。他在这个单位只不过是一个普通职工，却飞扬跋扈，眼里没有任何人，谁都看不起。几任单位领导都看在他姑父的面子上想培养他，平常请客会让他作陪，连一把手也让着他，但他根本不领情，在单位不好好工作不说，还经常大吵大闹，出尽了洋相。其实，高爽有这样的家庭背景，即便不努力，只要别太出格，单位就能给他安排个一官半职，但他实在是让所有人失望，也给姑父丢尽了面子，在单位彻底没了前途。

在单位不能混得风生水起，能在家里做个好丈夫、好父亲也可以，结果高爽在家中的表现比在单位有过之而无不及。他经常骂骂咧咧，怀疑妻子出轨，对妻子动辄拳打脚踢，其实是他自己整天不干正事，吃喝嫖赌样样俱全。他对孩子也不管不问，从来不关心孩子的成长和学习，而妻子工作再忙也得回来做家务、管孩子。

高爽的姑父、姑姑对这唯一的侄子特别关照和疼爱，几乎是有求必应，即使他在单位给姑父丢了脸，姑父也还是一如既往地帮他。按理说他应该对姑父、姑姑怀有感激之心，结果他对姑父、姑姑也是不屑一顾，认为姑父、姑姑帮他都是应该的。

高爽就是一个典型的人格不健全的人，不懂得感恩，不知道尊重，不会和他人交往，连基本的自我认识都严重变形。对待婚姻家庭关系更是不负责任，不通情理，粗暴任性，薄情寡义，给婚姻家庭带来了严重的伤害。

一般来说，人格不健全的人很难主动意识到自己的问题。因此，每个人都应该学会下面所列的人格健康鉴别法，及时判断自己的人格健康状况。

□总觉得自己是正确的、无辜的，问题都出在对方身上，要不是对方的所作所为，就不会出现今天的矛盾结果。

□对方的某句话或某个行为就是冲自己来的，是不可饶恕的。因为这个言行，对方便成为自己的对立面（敌人）。

□永远不会饶恕一个人曾经的过失或过错。

□只和喜欢自己的人交往，远离那些不尊重自己的人。

□不愿意委屈自己，更不会为了迎合他人而自我忍耐。

□生活习惯永远不会改变，无论这些习惯科学与否。

□自己是独一无二的，应该享有至高的权力，并得到大家的赞美。

□如果不被对方（大家）重视或关注就会感到很不适。

□容易接受暗示，容易展现出戏剧化、夸张的情绪表达。

□喜欢独处，不愿和他人亲近交流，只热衷于自己感兴趣的事情。

□做事循规蹈矩、墨守成规，不喜欢标新立异或进行新的尝试，事事追求尽善尽美和完整精确，做事怕出差错，而且要求别人必须根据自己的意愿行事。

符合上述三条以上标准，表示已经处于人格有问题的边缘状态，需要引起高度重视和反思调整。符合的标准越多，人格不健全的程度就越重，必要的时候应该接受人格诊断或心理咨询，这对自己、对他人、对家庭、对社会都是有益的。

如果配偶是人格不健全的人，切忌埋怨、发牢骚和过分指责，因为所有的指责和不满都会被其当成无端的挑衅，绝对不会轻易接受。正确的做法是一步一步慢慢引导，首先要从提高认识开始，只有促其认识到自己的问题，才有可能令其改变缺陷。在认识还没有转变的时候，不可贸然促其改变，越是心急，效果越是不好。必要的时候应该请心理专家做家庭关系和人格心理指导，但这也需要对方全力配合，如果对方不配合，改变的可能性就微乎其微。总之，对待人格不健全的人需要给予耐心的说服和等待，不能操之过急。

婚姻的第二杀手——心理不健康

心理不健康的人的婚姻家庭生活一定不会幸福，夫妻一方的心理不健康一定会影响乃至伤害另一方，这是毋庸置疑的。不健康的心理都有哪些表现形式呢？

通常人们所说的心理不健康就是心理学上讲的心理缺陷，是指无法保持正常人所具备的心理调节和适应能力，心理特点明显偏离正常，但尚未达到心理疾病的程度。心理缺陷的后果是社会适应不良，主要分为性格缺陷和情感缺陷两大类。

1. 性格缺陷

性格缺陷多指一个人在品行、行为特征中表现出来的缺陷。

（1）无力性格

无力性格是指做什么都缺乏力量的一种性格，给人以懒惰、涣散、打不起精神的感觉。

拥有无力性格的人由于精力和体力不足，容易疲劳，情绪常处于不愉快状态，缺乏克服困难的精神，对精神压力和心身矛盾易产生心理过敏反应，由此诱发心理疾病。他们最突出的特点是不修边幅，在家里懒惰成性，摆出一副大男子架势，连最基本的家庭事务都懒得打理，家庭生活秩序混乱，东西随便乱放，家庭及个人卫生状况较差，干一丁点活都觉得很憋屈。

拥有无力性格的人的心眼未必不好，甚至非常善良（往往是对待外人），但对不良习惯总是不肯悔改。无论家里遇到什么问题，都不愿意去面对、承担和解决，总是推诿、退缩和回避，总是指望对方去解决。这种性格无疑会令妻儿老小反感、怨恨，造成家庭气氛紧张、家庭关系不和睦。

（2）不适应性格

不适应性格与人格缺陷中的社会适应能力低下非常相似，都是由适应能力低下造成的心理冲突。不适应性格多指对应激性刺激的适应不良，而人格缺陷中的社会适应能力低下更具广泛性，多指带有普遍性的社会意识冲突。

由于拥有不适应性格的人对人际关系和社会环境的适应能力差，一旦受到应激性刺激就容易做出过激的反应。比如，女方亲属突然来访，拥有不适应性格的男方就有可能不太欢迎他们，在接待的时候会表现出不热情或不屑一顾的怠慢情绪。这不属于意识观念方面的冲突和不适应，只是对女方亲属突然来访给家庭带来的所谓“影响”的不适应，主要是由性格缺陷造成的。

不适应性格的不良反应在家庭生活中经常会遇到，比如对配偶穿着的不良反应、对孩子过错的不良反应、对配偶与异性正常交往的不良反应、对家庭生活突然遭到意外打击的不良反应等，容易加剧家庭矛盾，对婚姻家庭关系伤害较大。

（3）偏执性格

偏执性格主要表现为固执、敏感、多疑，容易产生妒忌心理，考虑问题常以自我为中心，遇事有责备他人的倾向。这种心理缺陷得不到及时纠正，就会发展为偏执性精神障碍。

拥有偏执性格的人常常有一些超价观念和不安全、不愉快、缺乏幽默的特质，常常处于戒备和紧张的状态之中，对他人中性或善意的行为会做出歪曲理解，对事态的前后关系缺乏正确的评价，因而从不接受他人的意见或建议，对家人的态度是“横眉冷对”，家长作风或大男子主义严重，对亲人、配偶、孩子永远都是命令的口气，做事从不跟家人商量，总是独断专行。坚持一意孤行令他们一败涂地或一错再错，但他们绝对不会承认自己的错误，反倒会把责任推到家人身上。

这是因为拥有偏执性格的人往往有一个不被信任的童年，成长于经常被指责和否定的家庭环境中，不是缺乏父爱就是缺乏母爱，或过多地遭受了情感或生活的打击，甚至是侮辱、冤屈。他们的挫折感和失败感较常人多出几倍、几十倍甚至上百倍，这造成了他们深层意识的自卑，很早就形成了固执、敏感、多疑、过分警觉、心胸狭隘、嫉妒心强、自我评价过高（过度保护自己）、拒绝接受批评、对挫折和失败过分敏感的心理特质，一旦受到质疑，就容易与人争论，甚至是攻击别人。因此，他们对朝夕相处的家人造成的伤害会非常大，容易使家庭关系剑拔弩张。

（4）分裂性格

分裂性格主要表现为缺乏温情，难以与别人（包括家人）建立深切的情感关系，人际关系一般都很差。

一般来说，拥有分裂性格的人似乎超脱凡尘，不能享受生活的种种乐趣，如夫妻间的交融、家人间的天伦之乐等，同时也缺乏表达细腻情感的能力，因而大多喜欢独身，即便结了婚，也多以离婚而告终。他们对别人的意见漠不关心，无论是赞扬还是批评，均无动于衷，过着一种孤独寂寞的生活。

有些拥有分裂性格的人会有自己的爱好，但多是阅读、听音乐等安静、被动的活动，其中一部分人可能会一生沉醉于某个专业领域，甚至取得较高的成就。但从总体上来说，他们的生活平淡、呆板，缺乏创造性和独立性，难以适应多变的社会生活。在家庭生活中，他们总是活在自我当中，很难和家人和谐相处，给家庭关系带来的灾难性影响是不言而喻的。

（5）强迫性格

强迫性格是一种常见的性格特质，主要表现为对任何事物都有主观强迫性，尤其会强迫性地高度关注自己的安全问题和健康问题。

拥有强迫性格的人做事追求极致、追求完美，无论做什么事情都会竭尽全力，不达目的誓不罢休，同时做人做事墨守成规、过分谨慎，心里不能搁事，有事（无论轻重缓急）就一定要在当下完成，绝不会放到第二天，并且喜欢把所有事情都放在一起完成，把自己搞得很紧张、很疲惫，但他们喜欢这种紧张的氛围，也很享受这种紧张的状态。

在婚姻家庭生活中，拥有强迫性格的人不仅会自我强迫，而且会强迫家人按照他们的意愿去做事，稍有不从就会发火，而且他们对别人的强迫程度一点儿都不亚于他们对自己的强迫。比如，他要求家人做一件事情，如果家人没有按照他心里预想的流程或标准来做，他就会挑剔、数落家人。但每个人都会有自己的想法和做法，不可能在任何事情上都完全一致，因此，这种强迫性要求会让家庭矛盾随时随地产生，导致家庭气氛非常紧张，家人整天活得诚惶诚恐、身心疲惫。

（6）癔症性格

癔症性格主要表现为心理发展不成熟，常以自我为中心，感情丰富而不深刻，热情有余，稳定不足，容易接受暗示，好表现自己，容易发展成癔病。

拥有癔症性格的人以幼稚和自我为主要特征，容易感情用事，感情虽丰富但不持久。总是根据自己的想象待人处事，即使现实并不像他们想象的那样，他们也坚持自己的观点。容易与人发生矛盾或冲突，做人行事显得幼稚单纯，与自身实际年龄严重不符。喜欢在外人面前表现自己，越是人多就越想表现，但表现的手段常常贻笑大方，给人的感觉是华而不实，爱说大话，感情虚伪，虚张声势。

在婚姻家庭生活中，拥有癔症性格的人会对配偶忽冷忽热，热的时候可以为对方赴汤蹈火、掏心掏肺，冷的时候会因为对方一句无心的话或做了一件不起眼的事而翻脸不认人。比如，妻子身体稍有不适，他会高度关注并且小题大做，让妻子难以接受这种过度的关心体贴，一旦妻子说一句“要不要那么夸张”的牢骚话，他就会立刻把妻子当成死敌，甚至恨不得让妻子马上得重病。这种巨大的心理情感反差会令婚姻关系非常紧张，跌宕起伏的感情无法令安全稳定的心理需求得到满足。

（7）攻击性格

攻击性格主要表现为性格外向而好斗，情绪高度不稳定，容易兴奋、冲动，往往对人或社会表现出敌意和攻击性行为。

拥有攻击性格的人（多半是男人）是有暴力倾向的人，他们经常在外惹是生非，打架斗殴是家常便饭。他们的暴力行为多带有指向性，有的只针对外人，有的只针对妻子，有的只针对孩子，也有既针对妻子也针对孩子的，但对内对外都有攻击性的人较少。这种性格所带来的暴力行为对婚姻家庭的伤害和破坏无疑是极为严重的，目前我国已经专门立法防治家庭暴力，保护家庭成员免受暴力行为的伤害。

2. 情感缺陷

情感缺陷多指一个人在情绪、情感、道德感、满足感、幸福感、厌恶感等情感感知方面的缺陷。

（1）焦虑状态

焦虑状态也叫焦虑心境，是一种广泛性焦虑，主要是指对客观事物和人际关系表现出紧张焦虑、忧心忡忡、疑虑不快的精神状态。一般来说，处于焦虑状态的人的最大特点是对自己的身体健康过分忧虑，只要身体出现一点小毛病，就会想得很多甚至很悲观，担心和怀疑自己患上绝症等。

焦虑状态在现实生活中非常普遍，几乎每个人或多或少都曾有过。一般人在遇到应激事件或重大打击的时候，也会产生不同程度的焦虑，但都能在事件过后的短时间内走出来，不会长期拥有这种心境。但有些人会长期处在焦虑状态之中，形成习惯不能自拔，做什么事情都忧心忡忡，总担心这担心那，遇事从来不往好处想，总是害怕失败。

在婚姻家庭生活中，无论配偶、家人做什么事情，处于焦虑状态的人都不会给予积极的肯定，而是以消极的姿态予以评价，对配偶、家人在工作、学习或生活中出现的问题总是给予全面的否定和打击，并认为自己这样做是为了他们好，目的就是让他们在负面刺激下转败为胜，或者能让他们在面对不好的结果时承受得住失败。这是因为处于焦虑状态的人总是把所有事情的结果都预想得很差，习惯性地给配偶、家人泼冷水，结果只能让配偶、家人失望和伤心，根本起不到如他们所说的“好”作用。

（2）抑郁状态

抑郁状态也叫抑郁心境，也是现实生活中极为普遍的一种心理状态，主要表现为情绪经常处于忧郁、沮丧、悲哀、苦闷的状态，常有长吁短叹和哭泣的表现，缺乏人生的动力和乐趣，生存欲望低下。

一般抑郁状态持续超过三个月以上，就可以称为抑郁心境或轻度抑郁症。这是一种持久的闷闷不乐的心理状态，或许会有短暂的热情或兴致，但基本状态还是悲观低落。这种状态对婚姻家庭的影响是压抑性的，传递的都是满满的负能量，使家庭气氛沉闷，令人反感窒息。

（3）疑病状态

疑病状态也叫疑虑症，主要表现为经常性地怀疑自己或他人有病。这种疑病情绪是持续的、广泛的，会同时对其他事情敏感多疑，对一切都持怀疑的态度。

在婚姻家庭生活中，处于疑病状态的人经常怀疑配偶出轨，怀疑家人对自己有所背叛或不说实话。如果配偶今天下班比较晚，他们就会怀疑配偶不是加班，而是去做了见不得人的事情（私会情人等）。当然，这种情况要和屡次被对方的出轨所伤害而引起的高度警觉相区别，尤其是女人在屡遭丈夫欺骗后会长期保持警觉意识（高度敏感和怀疑），这是正常的情绪反应，不属于疑虑症。

疑虑症是指从未被同类事件所羁绊或伤害过，却在自己的主观意识中存在挥之不去的疑虑。由于疑虑症的高度主观性与客观情况丝毫不相符，却仍被疑虑症患者当作客观实际而做出过激反应，对配偶和家人造成的伤害是非常严重的。

（4）躁狂状态

躁狂状态也叫轻度躁狂症，主要表现为情绪高涨、兴奋，活跃好动，动作明显增多，交际频繁，声音高亢，有强烈的欣快感，不加干预则容易发展为躁狂症。

处于躁狂状态的人整天都兴致勃勃的，极易幻想，喜欢捕风捉影，喜欢夸大其词的描述，常常把假的说成是真的，而且他们是发自内心地把假的当成真的，即便最后证实他们看到的、遇到的确实是假的，他们也不会承认自己的观点是错误的，好像他们就愿意活在假象当中。

在婚姻家庭生活中，处于躁狂状态的人的最大问题是情绪不稳定。他们喜欢高谈阔论、夸夸其谈，对任何事（无论懂不懂）

都要发表自己的意见，家人听从他们的意见，他们会得意地证明自己的英明；家人不听从他们的意见，他们会气愤地拼命说服家人，家人在他们身上几乎得不到真正的帮助，只是成为他们不稳定情绪的接收者。

此外，他们的躁狂状态会给家庭生活带来严重的误导，比如竭力渲染自己想做的事情，鼓动家人不顾一切地去做，最后的结果往往是家人利益受损。即便屡屡失败，他们依然不吸取教训，遇到事情还是会再度渲染、蛊惑，把假的东西当成是真的，给婚姻家庭带来一次又一次的严重伤害。

（5）淡漠状态

淡漠状态也叫情感淡漠症，主要表现为孤独、不合群，对外界客观事物漠不关心，严重的感情淡漠状态甚至对自己的健康或生命也不关心（为数较少）。感情淡漠是一种非常严重的心理缺陷，一般会和抑郁症相关联。

感情淡漠的人不仅对外人漠不关心，对家人也缺少真正的关怀，表达出的都是些非常表面化的东西，比如吃点什么、喝点什么，很难做到深层次的情感表达。他们的精神生活非常匮乏且质量很低，每天几乎就满足于吃喝等基本需求，不懂也不关注其他更高的生活需求，对生活的情调、物质条件的改善、各种娱乐活动等更是漠不关心。他们就像一根木头，令婚姻家庭生活缺乏情趣、索然无味，长此以往，夫妻两人会渐行渐远，婚姻家庭情感关系也会逐渐淡漠。

美国著名婚姻心理学家福斯迪克曾说：“世界上不存在失败的婚姻，只有失败的人，所有婚姻问题反映出的都是人的本质。”福斯迪克所说的“人的本质”就是人格和心理的健康程度。人格和心理的不健康不仅会影响工作、人际关系，还会影响婚姻、家庭、子女，因此，大家必须要高度重视自己及配偶、家人的人格和心理状况，一旦发现问题要及时咨询、调整。

婚姻的第三杀手——出轨

前两章都谈到了出轨问题，这是当下婚姻家庭普遍都会遇到的巨大障碍，仅次于人格与心理问题给婚姻家庭带来的危害。出轨主要分为以下四种类型。

1. 为了寻找性刺激而出轨

这种情况以男人居多，很少有女人会单纯为了性而出轨。在没有任何婚姻障碍或家庭矛盾的前提下，有些男人会设法去尝试出轨，以寻求婚外的性刺激、性满足。这种情况以嫖娼为主要类型。

2. 因外界诱惑而出轨

这种情况也是以男人居多，女人也会有这种情况，但为数较少。这种人的婚姻基本没有大问题，但由于手中有权力、有金钱、有地位、有一定的影响力，同时周围也存在着很多外界诱惑（年轻异性等），如果意志力不够坚定，出轨的可能性会很大。这种情况以包养情妇为主要类型。

3. 为了报复家庭而出轨

这种情况以女人居多，数量远远高于男人。在对婚姻家庭不满，或丈夫一再伤害自己（主要是出轨的伤害），且一再反抗都无济于事的情况下，女人就极易出轨。这时女人出轨主要有两个目的，一是报复丈夫，二是寻求婚外的情感温暖和慰藉。一旦报复的行为成为既成事实，婚姻家庭就会很快解体，因为女人能容忍丈夫出轨，但男人很难接受背叛自己的妻子。

4. 因外界强迫而被动出轨

这种情况也是以女人居多，比如在强权、强势的威逼利诱之下被迫放弃了原则底线，这和主动寻求出轨有本质的差别。一般情况下，被动出轨（被胁迫）会造成两种结果，一是有超强的负罪感，无法承受被别人强迫出轨的压力而深感自责，有的人会出现一定程度的心理障碍，严重的会出现自杀倾向；二是形成习惯，逐渐从被动转为依附甚至是主动，严重的会放弃自己的家庭，主动提出和对方结婚的要求。

造成婚姻问题的主要原因大致是人格、心理、出轨三种类型。无论是妻子还是丈夫，都应该透过现象看清本质，首先要看清到底是什么原因导致婚姻出现问题。当然有些是复合原因，既有人格的问题，也有心理的问题，还有出轨的问题，这种情况也不少见。只有在找到核心原因之后，才能对症下药，有效地解决婚姻问题。

比如，人格导致的婚姻问题，需要通过人格矫正来解决；心理导致的婚姻问题，需要通过心理疏导、心理援助来解决；出轨导致的婚姻问题，需要通过戒除婚外情感性感依赖来解决，首先就是要彻底放弃婚外不当两性交往，这需要借助一定的心理干预手段来完成，运用“现象学原理”让出轨一方透过现象看清出轨行为的本质，放弃不切实际的幻想，走出婚外情感性感依赖的温床。

如何判断婚姻问题是"癌症"，还是"良性肿瘤"

学会一套方法来判断面临的婚姻问题到底是"癌症"还是"良性肿瘤"是非常关键的，判断的方法主要是对婚姻问题进行性质鉴定。当然，这是一件比较难的事情，大多数人很难自己说（鉴定）清楚所遇到的婚姻问题的性质。大家可以先思考一个问题——男人一而再、再而三地出轨，是性质严重的"癌症"，还是可以挽救的"良性肿瘤"？

不可挽救的"癌症"婚姻

不可挽救的"癌症"婚姻有两个方面的含义，一是指向婚姻，即婚姻没有希望了，两个人不可能再在一起，缘分已尽，只能分开；二是指向人，即发现对方是个无可挽救的渣男/渣女，因为在谈恋爱和结婚的初期看不清楚对方的"人性"，经过一段时间的婚姻生活相处，才慢慢发现对方不是自己真正喜欢的那类人，甚至会有被欺骗的感觉。

不可挽救的"癌症"婚姻主要有以下四种类型。

1. 不是因爱而结合的婚姻

这种婚姻往往是出于某种无奈的原因而仓促走到了一起，比如奉子成婚、年龄大了着急成家、为了驱赶失恋痛苦而随意寻找慰藉等。这些情况未必最终都会离婚，但都会因为两人的婚后感受差距太大而痛苦不堪。

如果结婚前女人觉得男人还可以，甚至十分满意，但男人并不喜欢女人，两人结婚以后，日子会越过越没有意思，甚至非常痛苦，男人就会想要逃离婚姻。女人无法理解男人为什么非要离开，既然当初不爱自己，为什么要与自己结婚？男人自然是无法解释清楚的，由此让女人误认为男人遇到了什么难题，有什么事情想不开，或心理上出了什么问题。

其实，这与男人从来不敢直言痛苦的天性有关。即便这时男人实话说出一开始就不爱女人，女人也未必相信，因为走入婚姻前，男人一定说过自己是爱着女人的，否则两个人不会走进婚姻。现在男人才说当初是自己说了假话，女人又怎么会相信现在男人说的是真话呢？因此，男人就是浑身上下都是嘴，也说不清楚自己想离开的真正原因，最后只能背负负心汉、变心郎的罪名。

即便男人背负了这种罪名也逃离不了婚姻，女人是不会轻易让丈夫离开的，因为男人拿不出离婚的确切理由，女人又没做什么对不起男人的事情，男人说不爱就不爱了，那这些年两个人生活在一起，又是恩又是爱，又是结婚又是生孩子，算是怎么回事？女人怎么可能就凭男人一句“不爱了”就不明不白地放弃自己的婚姻呢？

然而，女人在婚恋过程中可以由一开始的不爱转变为后来的爱，但男人是做不到的，男人不可能从一开始的不爱转变为后来的爱，只会由一开始的爱转变为后来的不爱，这是男人特有的心理特点。如果男人一开始就不喜欢一个女人，即便和这个女人结了婚，这个婚姻也注定是个悲剧，亲情永远不会等于爱情，几乎没有可能让男人改变对一个从一开始就不喜欢的女人的原始态度。

如果男人明确表达了他的真实感受和态度，直接说已经不爱了或从一开始就没有爱过，一般会有两种情况，一是婚外恋已经彻底战胜了婚姻，男人要解体婚姻，转正婚外恋；二是男人未必有婚外恋，但实在不想跟妻子过了，说出实情让妻子死心。这两种情况都说明婚姻已经到了无法挽回的地步，再纠缠下去只能令双方更加痛苦。

需要注意的是，很多妻子在遇到第一种情况的时候是不想拱手把丈夫让给外人的，这是女人的普遍心理，但婚姻一旦遭遇了男人的彻底背叛，挽留未必是明智的，即便把丈夫的婚外恋打散了，婚姻是保住了，但收获的未必是幸福，极有可能是一辈子的痛苦。

这方面的例子比比皆是，原因就是人一旦变了心，破镜不可能再重圆，即便勉强圆起来，也是千疮百孔，夫妻双方天天面对着破镜，心中有怨还隔层纱，久而久之，挽留下来的婚姻还是会变质。所以，当一方执意要离婚的时候，另一方没必要强行挽留，自己一个人生活也会比“强扭的瓜”要甜得多。

2. 对方持续出轨且不知悔改的婚姻

在这种情况下，即便对方不明确提出离婚，这个婚姻也是名存实亡的，维持这种婚姻只会造成更大的伤害。很多女人愿意付出时间和精力等待出轨丈夫回归家庭，这种做法不能说不可以，但会有两种结果。

第一种结果是丈夫玩够了，没有精力、金钱再在外面寻花问柳了，但当他回归家庭的时候，女人能不能接受他还是个未知数。别看现在被出轨丈夫伤得体无完肤的妻子一心想等着丈夫迷途知返，这仅仅是当下的想法和愿望，一旦时间久了，尤其是感情淡漠了，女人也无法预料那个时候的自己是什么情况，说不定丈夫回来找她，她心里早就有了别人，这也不是没有可能的。

第二种结果是出轨的丈夫没有再回头的希望，女人的等待只是徒劳的。当然，女人不想再接受其他男人的感情是女人自己的事情，但如果把希望寄托在一个根本就不值得自己付出的人身上，从而牺牲了自己一生的幸福，这对女人来说无疑是悲惨的。

屡教不改的出轨对婚姻的打击和伤害是致命的。一般来说，如果是女人持续不断地出轨，很少有丈夫能够做到一直耐心规劝和等待，一般都会当机立断选择离婚，快刀斩乱麻。反过来，如果是男人屡次出轨，多数妻子还是会耐心规劝，并给其足够的时间回归家庭。

需要注意的是，女人的这种规劝和等待不能仅仅依据自己的心理期许，一定要结合出轨丈夫的实际情况及其对自己的实际态度进行综合考量。如果丈夫根本不顾及妻子的感受，不考虑对孩子的影响，只考虑他自己的利益和感受，这种背叛对婚姻来说就不会是一时的，姑息了这次，一定还会有下次和下下次。这是一种人性的缺陷，不是一时的糊涂，放弃这种人才是明智的选择。

3. 对方有严重人格或心理缺陷的婚姻

如果对方基本上具备了性格孤僻、偏执极端、亲外仇内、敏感多疑、自以为是、性格暴躁等人格或心理问题，那就是个比较严重的复合型人格障碍患者。这种人对家人的态度一定是非常冷淡且不负责任的，他们缺乏自知力，意识不到自己的问题，总认为所有的问题都是他人引起的，总带着强烈的愤怒情绪去指责家人。

在现实生活中，这种人并不少见，他们对婚姻家庭的负面影响是终生的，几乎是从建立家庭的那一天起，一直持续到他们生命结束。配偶、子女与他们的关系只是一种客观事实而已，根本谈不上爱情和亲情，更多的反倒是痛、怨和恨，而他们浑然不知自己给婚姻家庭造成了巨大伤害。

美国著名心理治疗师苏珊·福沃德博士曾写过一本有关亲子、婚姻、家庭关系的书《中毒的爱》，书中用大量的事例来说明有严重人格或心理缺陷的人，或生性暴虐，或人格有问题，或心智不健全，对婚姻、家庭或孩子不是过分的伤害，就是强迫性的“爱”。这种“爱”是带有毒性的，他们自认为给婚姻家庭带来的是爱，其实给予家庭的这种“爱”越深，对婚姻家庭的伤害就越大。家人尤其是配偶应该远离这种人，至少和他们保持一定的距离，否则会被他们伤得体无完肤。

4. 对方情商过分低下的婚姻

情商过分低下的人往往心智不太成熟，人未必很坏，但做出的事情常常令人匪夷所思，有时甚至缺乏理智、非常荒诞。他们就像不懂事的孩子，不太善于交往，几乎没什么交心朋友，也不会处理各种关系，说话做事总是不着调，很容易得罪人。他们自己却对此全然不知，总觉得自己对别人付出了不少，但好像吃亏的总是自己，而且换不回别人的真心，无论怎样做都得不到大家的认同。

其实，他们的认识和想法是错误的，不是换不回别人的真心，而是他们根本不会做人做事，缺乏正确处理人际关系的能力，正是他们的不靠谱才引起了大家的反感。但遗憾的是，他们总是意识不到自己的问题，更意识不到自己说话办事缺乏正确的方法。

情商过分低下的人带给配偶的感受无疑是非常糟糕的，基本上属于婚姻中的“癌症”，因为他们意识不到问题出在自己身上，更意识不到必须得提高自己的情商。如果配偶决定迁就他们，日子也能过得下去，但会非常别扭和不和谐，不可能有太多的幸福感。如果想彻底解决这个问题，对于尚未结婚和已经结婚这两种情况应该区别对待。

如果是尚未结婚的情况，远离低情商的恋人是最好的选择，不要盲目与其走入婚姻，否则会降低自己的生活质量和幸福指数。

这不是一件小事，而是关乎一生幸福的大事。

如果是已经结婚的情况，就要想方设法地劝配偶改变，但这绝非易事，主要困难在于低情商的人往往是不愿意配合的。情商是可以通过学习来慢慢提高的，只要配偶愿意改变，这个婚姻就可以挽救；如果配偶完全不予配合，甚至非常抵触，那就要看自己是否有决心离开了。其实，离开情商很低却不想提高的配偶，未必不是明智的选择。

可以挽救的“良性肿瘤”婚姻

大部分婚姻问题都是可以解决的，属于“良性肿瘤”的范畴。这类婚姻主要有以下三种类型。

1. 性格不合的婚姻

性格不合是最为常见的婚姻矛盾，很多婚姻就是因此而分道扬镳的。无论协议离婚还是法院判决离婚，往往都把“性格不合”写在离婚协议书或判决书的突出位置上，但这些婚姻真的是因为性格不合而分道扬镳的吗？事实未必是这样，“性格不合”不过是一个万能的体面的理由，于是成了大部分不好说出口的离婚原因（如出轨、家暴）的代名词。

其实，真正的性格不合未必是什么大事。结婚之前，很多人都愿意找个和自己性格互补的，自己性格太外向就想找个稍微内敛的，以免两个人在一起都抢着说个没完没了；性格内向一点的就想找个外向的，以免两个人在一起都闷葫芦不说话。

年轻人在谈恋爱或刚刚结婚的时候，很少能读懂或看透对方的性格，基本上是喜欢对方就在一起，即使看到了对方不好的性格，也会“爱屋及乌”，为其贴上各种光彩的解释标签。比如，对方不善言谈（内向型性格），但自己喜欢对方（长相或身材），就会将其解释为稳重、大气；对方有些清高傲慢，因为喜欢对方，就会将其解释为自信、有气质。

但进入婚姻以后，随着“喜欢”热度的降低，性格问题就一定会凸显出来。这时自己眼中的对方就不像过去那么光鲜亮丽了，就会变得怎么看怎么不顺眼，甚至举手投足都令人反感厌恶，这往往就是性格问题惹的祸。

“性格”是个很复杂的概念。从心理学角度来说，是一个人比较稳定（一贯性）的对现实的态度和行为方式；简单地说，就是一个人的情感、情绪及思维习惯的总和。比如，有的人习惯发怒，有的人习惯忧愁，这是情感习惯；有的人喜欢多疑，有的人喜欢幻想，这是思维习惯。我们正是凭借这些情感和思维习惯来判断、评价一个人的性格的。对于多疑的人，我们对他的性格判断是敏感、自我、自以为是；对于易怒的人，我们对他的性格判断是偏执、任性、脾气大。

当然，每个人都有偶尔发火或多疑的时候，不能单凭偶然的表现来定义一个人的性格。人与人之间的性格差别非常大，但没有瑕疵的完美性格是不存在的。一旦遇上性格不好的对象怎么办呢？是必须要分手吗？这恐怕不足以令人信服。忍气吞声地跟他过一辈子吗？又觉得对不起自己。那到底该怎么办呢？

其实，性格是可以改变的，婚姻遭遇“性格不合”是完全可以解决的。很多人对这一说法抱有疑问，不是说“江山易改，本性难移”吗？性格怎么可能会改变呢？“本性难移”的说法没错，只不过强调的是性格改变起来很难，并不是说性格绝对不会改变。

在我们的周围有很多性格改变的例子，尤其是一些上了年纪的人，了解他们的过去后就会发现，他们的性格变化是很大的。比如，男人年轻时动辄大发雷霆，俨然是家里家外的一霸，如今上了岁数消停多了，脾气没那么暴躁了，尤其对妻子原来是非打即骂，现在是言听计从，变成了一个温顺乖巧的小老头；相反，女人年轻的时候是和声细语，说话大气都不敢出，做事小心翼翼，生怕被丈夫呵斥，现在反倒成了动辄火冒三丈，对丈夫说话就像在训斥，没有一个好脸色，两个人的性格完全颠倒了。可见，性格是可以改变的。

性格改变的触发点主要有以下四个方面。

（1）时间可以改变一个人的性格

性格包含了很多情感认知因素，是随着时间的推移在一点一滴地发生着变化的。一个人在孩童时期的性格和成年以后的性格并不相同，一定会随着情感阅历的积累而发生变化。孩童时期的情绪情感多半只与家庭关系有关，但成年之后的情感关系逐渐丰富，丰富的情感阅历会不断充实情感认知，而新的情感认知反过来会对性格产生新的影响和调整。

张波今年65岁，他年轻的时候脾气很大，动辄对妻子孩子打打骂骂，和他的父亲如出一辙——他的父亲经常打骂他的母亲和他们兄弟几个。小时候，张波特别憎恨父亲，发誓长大了一定不做父亲这样的人，谁知道，他长大后竟不知不觉地变成了酷似父亲的人，总是觉得妻子孩子都不尊重自己，不教训他们自己就很难受，喝了酒就要打骂妻子孩子。后来妻子带着孩子回了娘家，一走就是几年，他三番五次去岳父岳母家道歉，想让他们回家，但妻子就是不肯，他也没辙，只能一个人孤孤单单地过了几年。

孩子上高中后，张波把酒彻底戒了，还学了家电维修的手艺，在小区开了间家电维修部，整天忙忙碌碌。在孩子的劝说下，妻子终于回家了。夫妻两人团聚后，日子一直很安稳，再没有发生打骂事件。

张波的性格改变了很多，究其原因，与妻子做出的远离他的决定有很大的关系，用拉长时间和距离的方法确实能够让一个人变得相对清醒，只是这种方法残酷了一些，相当于没有离婚手续的离婚，但不这样做也很难让张波的性格有质的转变。

（2）生活阅历可以改变一个人的性格

年轻人多数是喜形于色的不稳重性格，往往听风就是雨，遇到好事就高兴，遇到坎坷就抱怨，但随着生活阅历的不断丰富，性格会变得相对老练沉稳。

比如，一个人在落魄的时候会有抬不起头来的感觉，性格上会表现出一定程度的自卑特质。这个人一举成名或一夜暴富之后，一般会产生情不自禁的膨胀感，感觉自己一下子扬眉吐气了，成为有钱有地位的人了，性格上会表现出傲慢的特质。数次经历了从贫穷到富裕，再从富裕到贫穷的跌宕起伏之后，这个人就会具备看透人生百态的成熟，性格上不会再过于自卑或过分张扬，会表现出相对淡定和沉稳的特质。

（3）超常的情感体验可以改变一个人的性格

超常的情感体验就是“不近人情”的极限情绪情感体验，如濒临死亡的极限体验、极度危险的创伤性体验、极高强度的灾难性体验等。

比如，一个原本生活很快乐、家庭很幸福的孩子，在一次车祸中失去了父母，这种灾难是毁灭性的，给孩子带来的情感打击是致命的，会使他的性格发生完全的改变，由原本开朗活泼的性格变为内向压抑、自卑封闭的性格。

这类超强度的极限事件改变了很多人的性格及人生，有些人是从好性格转向坏性格，有些人是从坏性格转向好性格。一般来说，正向的超常情感体验会让一个性格有缺陷的人变成一个性格良好的人。

（4）心理咨询可以改变一个人的性格

上面三种方法都是被动的，是靠长时间的积累或经受灾难性的打击来获得改变，虽然性格改变了，但一切早已时过境迁，不能说为时晚矣，但至少在人生最关键的阶段，已经因不良性格对自己的事业和婚姻家庭造成了巨大的伤害。

而心理咨询是积极主动改变性格的最有效手段，一般采用认知疗法和行为疗法来改变性格，即为当事人建立一个心理人格健康的模板，并制定出具体的改变步骤和措施，在心理咨询师的监督指导下一步步形成良性的行为和意识习惯。心理咨询方法正在被越来越多的人接受和采用。

性格是可以改变的，因性格不合而导致的婚姻问题无疑是能够解决的。改变性格的方法应以积极主动的心理咨询为主，最好不要采用被动受罚的方式。被动的改变具有破坏性，而且这种破坏是不可逆的，虽然最终性格会有所改变，但已无法挽回不良性格所造成的影响和伤害，这对一个人、一个婚姻、一个家庭来说都是灾难性的。

2. 吵闹不休的婚姻

两天一小吵，三天一大吵，这样的婚姻家庭更是多得数不过来。这样的婚姻有一个共同特点，即“床头吵架床尾和”，吵的时候恨不得“你死我活”，好像和“离婚之战”就差那么一点点，但吵完之后又像什么事也没发生过，一切和好如初了。这种婚姻似乎总有解困妙招，吵到快要发生质变的时候，总有一方会妥协，或者双方一起“降温”，这或许是他们在长期的婚姻摩擦中培养起来的一种默契。

但不管怎么说，“硝烟弥漫”的婚姻家庭关系不是一种健康的状态，对婚姻尤其对孩子会有长期的负面影响。因此，有些家庭虽然没有大的原则问题，但会因为吵闹的频率和程度太高，爱情逐渐淡漠，亲情越来越少，最终走到了濒临破碎的边缘。

（1）婚姻生活忌讳强词夺理、一争高低

吵闹不休的婚姻有一个共同的特点，就是夫妻一直在争论谁对谁错、谁高谁低，谁也不承认自己是错的、对方是对的，最后就会用声音的高低来证明自己的对错，认为自己的声音越大，理就在自己这边。

其实，在婚姻家庭生活中，由于夫妻所处的位置不同、心理特征不同、看问题的角度不同，两个人都会有自己想得到、看得到的一面和想不到、看不到的一面。无论从哪一方的角度来看，自己得出的结论肯定首先来源于自己想到和看到的，这是很正常的。如果换个角度，学会借助对方的角度来看对方的意见，就会马上得出有利于对方的结论，所以，并不存在谁对谁错、谁高谁低的问题，两个人说的做的都有道理，只是有一方相对更客观而已。

吵闹不休的夫妻总是在用声音来证明自己的感觉和意见是对的、对方的认识和看法是错的，最终的结果往往是两败俱伤，谁也不服谁，而且以后还会延续同样的方法、承受同样的结果，从不会改变两人的沟通方式。

其实，一旦丈夫的火气上来了，想要证明他的感觉和意见是对的，这时妻子应该首先承认或部分承认丈夫的感觉和意见可能是对的，只是自己站在目前的立场上还没有完全理解和明白，然后再陈述自己的立场和意见，最后两个人一起互相弄明白对方意见的立场出处。这就是心理学的“换个立场看问题”的方法，而且最终一定是双赢的结果。

马斯洛的需求层次论有个很重要的观点，那就是人都有被尊重、被承认的欲望，当一个人总是被别人否定，总是得不到别人的尊重和理解，这个人就会崩溃。在婚姻家庭生活里也是一样，一个家庭成员总是被另一方否定，总是得不到对方的承认，他的自尊心就会受到极大的伤害。如果对方从来不承认你，一直不停地在否定你、指责你，你会是什么感觉呢？如果是夫妻关系的话，就只能用吵闹来解决问题了；如果是孩子的话，就只能用赌气、叛逆、反抗、逃离来进行抗争了。

因此，在家庭生活中一定要少讲理性，多讲感性；少讲是非，多讲亲情，这样就不会发生战争。“情尽理散，理尽情散”，如果总是讲理性，感情就会散没了；如果总是讲感情，有些理就要失掉了。在婚姻家庭生活中到底是理更重要，还是情更重要呢？结论是不言而喻的。

（2）争吵是不自信的表现

夫妻间的争吵实际上是想争夺话语权，争夺对一个事情或一个计划的控制权，让对方承认和服从自己。其实，这是一种不自信的表现，越是自信的人越不会争论，越不会强烈地要求或强迫对方接受自己的观点或看法。

年轻人在谈恋爱的时候很少用争吵来解决矛盾分歧，并不是那个时候没有矛盾分歧，而是恋爱中的人习惯采用接纳、不争、搁置、忘掉的做法来处理矛盾分歧，无论对方说什么（即便自己不赞同）都不重要，不可能因为意见不一致而大发雷霆或争吵不休，这种情况不能说没有，但确实很少见。

结婚之后就不一样了，对方稍微有点不同意见就要喋喋不休，非得把对方说服不可，如果对方不从，就有可能引发更严重的冲突。为什么婚后会有这种变化呢？根本原因就是自信心不足或受损惹的祸。

婚前出于碍于“面子”，两个人很少因为鸡毛蒜皮的事情起冲突，表面的和谐谦逊会给彼此造成一种对方脾气不错的假象，这种感觉几乎每个恋爱中的男女都会有，是一种反馈给彼此的直接感触。但进入婚姻以后，“面子”的问题、“不好意思”的问题、拘谨的问题都不存在了，剩下的就是本真个性的问题了。一旦两个人存在意见上的分歧，不自觉地就会拿出自己的本真个性予以反击。

这种过去从来没有领教过的反击对对方是种挑战或伤害，不仅对对方的自尊心构成伤害，也给对方的自信心造成了打击，所以对方也会予以反击，从而对自己也构成了相同的伤害，两个人的自尊心、自信心都受到了同样的伤害，如此一来就都会不遗余力地用争吵来为自己挽回面子、赢得尊严。殊不知越是这样，对对方的伤害越大，对自己的影响也越大，久而久之就会形成彼此在内心深处的相互否定，即便不离婚也不会和婚前一样赞美和欣赏对方。

3. 出轨的婚姻

出轨在当今社会已经算不上是惊天动地的大事了，当然，每个人在恋爱或刚结婚的时候是不会认为自己的婚姻将来要面对这类问题的。就像年轻人从来不会考虑健康的问题，但不知不觉中身体出现了问题，还是不得不停下奋斗的脚步去治疗。婚姻也是如此，谁都想不到“出轨”这类问题会发生在自己的婚姻里，一旦发现配偶有出轨问题，就会痛不欲生，将所有精力都用于反思、挽救婚姻。

无论是对方出轨，还是自己出轨，都是对情感不可更改的严重背叛，给出再多的理由也只是狡辩。但是，受到伤害的一方不能仅从对方出轨这一点上来判断这个婚姻该不该要，而要了解对方属于哪一类人，要知道什么样的人容易背叛婚姻、什么样的人出轨以后容易回头，从而判断自己的婚姻能不能挽救。

以下是出轨难易类型及挽救难易类型的比较，这个规律大家一定要掌握。

意志力薄弱（优柔寡断）的人容易出轨，出轨后也容易被挽救；意志力坚定的人不易出轨，出轨后也不易被挽救。

较为内向的人容易出轨，而且出轨后不易被挽救；较为外向的人不易出轨，出轨后容易被挽救。

情绪化的人容易出轨，出轨后也容易被挽救；情绪稳定的人不易出轨，出轨后也不易被挽救。

善于伪装（表演型）的人容易出轨，出轨后也容易被挽救；表里如一的人不易出轨，出轨后也不易被挽救。

过分自我（自以为是）的人容易出轨，而且出轨后不易被挽救；比较客观现实的人不易出轨，出轨后容易被挽救。

心理不健康的人容易出轨，而且出轨后不易被挽救；心理健康的人不易出轨，出轨后容易被挽救。

人际交往关系正常的人不易出轨，出轨后容易被挽救；人际交往关系不好的人容易出轨，而且出轨后不易被挽救。

情商高的人不易出轨，出轨后容易被挽救；情商低的人容易出轨，而且出轨后不易被挽救。

高智商的人容易出轨，而且出轨后不易被挽救；低智商的人不易出轨，出轨后容易被挽救。

成长环境过分压抑的人容易出轨，而且出轨后不易被挽救；成长环境和谐的人不易出轨，出轨后容易被挽救。

当然，这只是个大概的规律。一般来说，结合这个规律对出轨问题进行综合分析，就能大致判断出对方属于哪一类人的哪一类出轨，对这类人的出轨问题能不能解决、这个婚姻值不值得挽救等难题，就能有一个大致的解决方向。

如果真的遇到出轨问题，不能仅以出轨这一件事就决定婚姻的死亡，也不要把注意力放在探讨出轨者的出轨动机和理由上，任何一个出轨的人都有其“合理”的出轨理由，那些借口说得越多，只会越令人气愤。当然，不可否认婚姻中确实存在“一个巴掌拍不响”的问题，但因婚内存在某种问题而用出轨的方式加以报复或“解决”的话，显然是说不过去的。

大部分出轨的婚姻都是可以挽救的，也是应该被挽救的，挽救的对象看似是婚姻，其实是人。一个人格和心理相对健康的人，不能说百分之百不会出轨，但至少他的（出轨）行为会受到健康的人格和心理的有效约束。一旦约束出轨的机制——人格和心理出现问题，一般来说就非常容易出轨。

然而，很多人只顾谈感情，而忽视了决定婚姻质量的核心因素——人格和心理，婚姻出现问题后才不得不想办法解决。因此，年轻人在进入婚姻之前最好多读一些婚姻心理学、人格心理学方面的书籍，或者通过专业的婚姻心理咨询机构进行人格和心理诊断，尽量拒绝和身心不健康的人走入婚姻，这是一件非常重要且严肃的事情。

如果恋爱双方有了非常深厚的感情，已经到了无法分开的程度，或者已经走入了婚姻，才发现对方有出轨问题，这时先不要一棍子打死对方，毕竟出轨不像家暴那样完全无可救药，可以先从改善出轨者的人格和心理健康的角度挽救婚姻。这是一个本质和表象的关系，只有挽救了人（本质），才能最终解决出轨的问题（表象）。千万不要本末倒置，只关注出轨的结果而忽视了人的问题，这是大多数被出轨丈夫伤害的妻子最容易犯的低级错误。

如何运用现象学还原法诊断婚姻问题

心理学当中的现象学还原法是对一个事件从现象的描述开始逐一对事件的全貌进行客观的还原的方法，是一个去伪存真的过程。由于种种自我认识的局限性和看问题角度单一的局限性，对于置身事件当中的自我来说，想看清婚姻问题的本真面目不是一件很容易的事，很难客观看到事物的全貌，正所谓“不识庐山真面目，只缘身在此山中”，而借助现象学还原法能够帮助自我认清事物的本质。

最早提出现象学还原法的是 18 世纪德国著名哲学家胡塞尔，主要目的是想对经验性的东西进行客观的分析和评判。他发现人们的主观意识之所以常常偏离现实就是因为受到了错误经验的引导，如果能把事件和过程以现象描述的方式呈现出来，人们或许会看到和自己原先看到的完全不同的东西。后来，现象学还原法被广泛应用于很多领域，如刑侦、心理治疗、婚姻咨询等，能够让陷入困顿的当事人透过现象看清问题的本质。

图谱分析法

婚姻出现问题以后，很多人喜欢回忆在以往发生的事情中是否早就出现过征兆，但这种回忆仅仅是在脑子里想想，只是一种简单的回顾而已，即使思考得相对比较清楚了，也只能得出一些简单的结论，一旦与对方进行对峙或交流，就会很快被对方否定掉，最终能留下来甄别事情真伪和解决问题的东西很少。

拿出轨来说，受害者虽然通过回忆依稀能想起一些琐碎的线索，但总会觉得毫无头绪，很难得出确切的结论，这正是因为没能抓住一条成型的线索。仅凭一些琐碎的记忆来对抗或甄别一个相对完整又非常隐蔽的出轨“计划”是根本不可能实现的，这是明显的虚与实的较量，是完全不对等的交战。

比如，在没有发现丈夫出轨之前，妻子不可能完全知晓丈夫具体都做了些什么，也不可能给他安上移动监控，随时随地掌握他的一举一动。而丈夫为了避免被妻子发现出轨，一定会主动掌握妻子的行程安排，甚至是一举一动，让妻子和情人存在于“不同的时空”中。这样一来，各种信息都是极不对称的，相当于婚姻的受害方（妻子）站在明处，出轨的一方（丈夫）躲在暗处，婚姻破坏者（小三）成了被保护的对象。

一般来说，妻子从不知情到有所察觉需要一个较长的过程，而且当妻子发现蛛丝马迹的时候，往往丈夫已隐瞒多时，出轨早就是铁板钉钉甚至人尽皆知的事实了。这时妻子只靠回忆去找丈夫出轨的证据是绝对行不通的，而应该使用图谱分析法来查证、分析，具体有以下三个步骤。

1. 开启日记模式，记录每天发生的事件和想法

这是现象学第一手的素材和最基本的依据，就像建立了一个

档案一样。在遇到出轨这类婚姻问题时，每个人都会“人慌无智”，只想尽快弄清真相、平息事端，但这是不可能的。一般来说，其他婚姻问题如婆媳关系问题、亲子关系问题，夫妻双方无论谁发现、谁主张解决，对方都会配合，因为这对夫妻双方没有不利影响，也是大家都想解决的问题。但出轨就不是这样了，出轨方并不想解决问题，是会百般抵赖、死不承认出轨的。尽快解决问题只是受害方的一厢情愿，与出轨方的想法是背道而驰的，这个概念首先要明确。

因此，当发现配偶有出轨可能的时候，千万不要以自己之心度对方之腹，要学会聪明地掌握证据，用会“说话”的证据来挽救婚姻。写日记确实是个费工夫的事情，但日记能够帮助受害方梳理很多线索，把琐碎的事件整合起来形成证据链，这比仅凭记忆和口舌来对付出轨方要强得多。

2. 整理记录过去令自己存疑的事件

一旦婚姻出现问题，细心整理并逐一记录过去发生的引起自己怀疑的事件是非常重要的，虽然未必是事实，但可以为找到婚姻核心问题对症下药提供线索和依据。如果没有准备一定数量的线索，很容易让婚姻灾难的制造方用一句很简单的话就把问题一带而过，混淆了是非，掩盖了问题的核心。只有线索积累到了一定的数量，才能令对方无法轻而易举地否定事实，从而正视问题、解决问题。这不是翻旧账，也不是想破坏婚姻，而是为解决深层次的婚姻问题做好充分的准备。

3. 用图谱的形式展示每个比较大的冲突

图谱分析是指用简单的绘画形式标出每一次比较大的冲突现场的人物位置、冲突内容、对立情绪、语言行为等，能够帮助当事者扩展思路和视野，不再局限于自我意识和单一视角中，从而观察和分析事件的全貌。把每一次应激事件都用图谱的方式加以还原，在反过来深度观察这些图画的时候会产生跳出局外的感觉，就像在看一场电影，对场景中的人物对话、情绪反应、态度特征、行为方式等一目了然。

一般来说，一次图谱分析不可能把婚姻问题还原得非常清楚，需要进行多次不同矛盾场景的图谱想象学分析，才能发现和掌握更多的新线索或信息，直至汇总到一起把婚姻问题的全貌展示清楚。

图谱分析法被广泛应用于破案等司法活动，对案件分析有很大的帮助。在婚姻关系分析中，由于当事者缺乏系统的理论指导和经验，这一方法只能做个大致参考，帮助自己看清真相，获得更多的准确信息，要想真正解决问题，还需与对方进行有效的沟通。

需要注意的是，拿到这些“现象学证据”，不是为了逼迫对方承认什么，只是为了尽量不让对方逃避问题和欺骗自己，这是现象学还原法有针对性地解决婚姻问题的重要目的。如果自己做不到相对客观地提取和分析线索，可以寻求婚姻心理学专家的帮助，千万不要让不客观、不准确的“线索”影响了自己的判断，这样不仅不能解决婚姻问题，还会让婚姻问题变得更加复杂。

倾诉梳理法

当局者迷旁观者清。当婚姻问题发生在自己身上的时候，自己是很难判断清楚婚姻问题的性质及严重程度的，这时可以选择一个值得信赖的人进行倾诉。在倾诉对象的选择上，应当优先选择婚姻情感方面的专家或是生活阅历丰富的长者、智者，他们的意见和建议更具客观性，值得借鉴和参考。

倾诉有很多好处，一是起到平复情绪、消除痛苦的作用，让自己的身心得到释放和调整；二是可以参考和听取倾听者的态度和意见，即便对方没有给出具体的意见和建议，或意见和建议不具参考性，但至少能给自己开启看待婚姻问题的另一个视角，帮助自己开阔思路，细致梳理所面对的婚姻问题。

需要注意的是，当事者要防止将倾诉变成单一的诉苦和宣泄，这样反而会让自己沉溺在婚姻的痛苦中无法自拔。倾诉的主要目的是厘清思路，查明问题的性质，得到一个相对准确的结论，为下一步有效地采取行动做好充分的准备。

婚姻的自我诊断实际上是很难的，主要就是“当事者迷”的问题，再聪明的人深陷婚姻谜团的时候也很难辨明是非真假。心智不太成熟的人、心理健康程度不高的人、看问题相对主观片面的人、比较感性缺乏理性的人受自身条件的限制，很容易对婚姻问题做出片面的评价和判断，不利于客观积极地解决婚姻问题，最好是在他人的帮助和指导下去诊断和解决婚姻问题。

第5章

原来婚姻是这样的

人格与心理的自我修复是解决婚姻问题的关键

夫妻间的相互理解是解决婚姻问题的前提

男人是解决婚姻问题的核心

婚姻问题具有特殊性。对外人倾诉也好，寻求外界帮助也好，都有阶段性、时效性和局限性，只能起到疏通、引导、调和、规劝的督导和干预作用。要想彻底解决婚姻问题、改善婚姻关系，最终还是要靠夫妻两个人在真正理解婚姻问题性质和责任的基础上共同面对、付出努力。

人格与心理的自我修复是解决婚姻问题的关键

其实，每个人都会有不同程度的人格与心理瑕疵，完全健康的人格与心理是不存在的，无须对自己的人格或心理问题遮遮掩掩。越是敢于直面自己的问题的人，越是相对健康的人；越是说起人格或心理问题就极为紧张的人，越是不健康的人。正因为婚姻问题与人格、心理密切相关，解决自身的人格与心理问题就不是可做可不做的事情，而是必须要去完成的任务。

模仿学习人格与心理健康的榜样

选择身边比较熟悉的、人格与心理相对健康的人为榜样来潜心学习是非常重要的。因为这些榜样对自己来说既不陌生，也不遥远，有很强的亲近感，模仿学习起来非常方便。教科书或各种媒介推荐的健康标准往往有些教条、生硬和呆板，生活中的样板显然更生动、更亲切，也更容易模仿和理解。与其把条条框框贴在墙上每天都背，不如模仿学习看得见、摸得着的榜样。

模仿学习的关键是找准榜样的特点，观察他们如何做事，如何待人接物，如何处理人际关系等，学习他们好的意识、好的做法、好的习惯、好的技巧，并要与自己过去的不良习惯相比较，在比较中找差距、找问题，然后一点一点地进行模仿练习，最终就会形成自己良好的意识、行为和习惯，慢慢就能养成健康的人格与心理。

林木是个比较自卑的人，总是害怕别人看不起自己，对外人所谓“伤害”自己的语言或行为总是很敏感、很抵触，因此人际关系比较差，婚姻家庭关系也出现了问题。

林木有一个特别开朗阳光的同事吕森，别人说他什么都不会往心里去，有时林木都感觉别人对他的言行太过分，放到自己身上的话肯定接受不了，但是吕森非但不在意，甚至还会顺着别人的冷嘲热讽把自己“贬低”一番，最后大家都哈哈一笑，什么事情也没有。大家都很喜欢和吕森在一起，都愿意跟他开玩笑、交朋友，反倒是做事很认真的林木（从来不随便跟别人开玩笑，也不会开玩笑）和大家的距离总是很远，也没有几个真正能交心的朋友。

林木在心理咨询师的建议下，时刻把吕森当作榜样，模仿学习他的一言一行，学习他敢于放低自己的姿态，敢于接受别人玩笑性的“攻击”，敢于“自谦”“自嘲”。久而久之，林木发现自己也能够和大家打成一片了，和家人在一起的时候也放松自在了许多，面对别人的玩笑性“攻击”时，不再是严肃认真地反抗争辩，而是会顺着别人的玩笑进行自嘲，甚至会反过来适当地玩笑“攻击”一下别人，别人也会哈哈一笑了事，对彼此都没有产生什么特别的伤害。

林木感慨吕森这个榜样对自己的帮助太大了，过去的自己无法接受别人的“攻击”，也不会“攻击”别人，结果却是一个朋友也没有，就连家人都和自己保持着冷冰冰的关系，而现在自己像变了一个人，即使有时会忍不住敏感，也会立即想起吕森的做法，不断控制、调整自己。

可见，抓住榜样身上那些自己不具备的特点，一点一点地去观察、体会、模仿和学习，慢慢就会形成自己的风格，也会找到健康快乐的感觉，不健康的人格与心理就会慢慢转变过来。在婚姻家庭关系中更是需要树立榜样，学习其幸福婚姻的模式。

在大家的周围一定会有婚姻家庭关系处理得非常好的人，男人要选择榜样家庭中的丈夫来学习，女人要选择榜样家庭中的妻子来借鉴，找准这些榜样的特点和优势，加强对榜样的模仿和学习，久而久之就会变成榜样的模样，很多原本不健康的心理及行为方式就会得到修正。

结交人格与心理健康的朋友

越是人格与心理不健康的人，越是不敢和健康的人打交道。他们不是不知道自己的缺陷，正是因为对自己有所了解，为了掩盖和回避自己的问题，他们才会远离那些心理健康的人，而愿意和那些与自己有着同样状态甚至比自己更糟糕的人为伍。他们在那些人当中能够找到共同语言或是自尊自信，甚至还会成为其中的佼佼者或是被崇拜的对象。

有句话曾经很流行：“跟着苍蝇找厕所，跟着蜜蜂找花朵，跟着富翁会赚钱，跟着乞丐会要饭！”“和谁在一起”是个非常重要的决定，能改变一个人的生活轨迹，甚至决定一个人的成败。和勤奋的人在一起就不会懒惰，和积极的人在一起就不会消沉，和伟大的人在一起就会变得不同凡响。

心智成熟、心理健康的人一定会选择“蜜蜂、富翁和智者”；相反，心智不成熟、心理不健康的人往往会选择“苍蝇、乞丐和庸者”。原因就是上面所提到的，这些人在“苍蝇、乞丐和庸者”面前能表现出“智者”的风范，能彰显自己的“尊严”。这是可以理解的做法，但其后果非常可怕，因为长期和不健康的人在一起，最终的结果不是一事无成，就是一蹶不振，不仅伤及自己，更会伤害家庭。

在现实生活中，“物以类聚，人以群分”是事实，但也能选择“近朱者赤，近墨者黑”来改变自己。要想成为一个人格与心理健康的人，想把自己的家庭、事业搞好，就要广交积极健康、上进踏实的朋友，远离消极颓废、不思进取的人，否则就不可能有人格与心理的健康可言，婚姻、家庭、事业更不可能有幸福的未来和成功的希望。因此，想改变自己的人格和心理缺陷，就一定要从选择和谁在一起开始，多去靠近那些能给自己带来正能量的人或集体，积极向他们学习，一步一个台阶地经营自己的人生。

耐心对待人格与心理有缺陷的配偶

前两种方法针对的是自身有人格与心理缺陷的人。如果是配偶或家人有人格或心理方面的缺陷，自己首先要有个清醒的认识，那就是“冰冻三尺，非一日之寒”。人格与心理问题都是长年形成的习惯，其不良的情绪、行为、意识都是在长期的不良环境中形成的，改变起来绝非易事。同时，应该理解他们不是不想改，只是缺乏决心、毅力、兴趣和方法，帮助他们改正缺陷需要一定的技巧和耐心。

帮助人格与心理有缺陷的人改正缺陷一定要讲求方法，单纯的批评、指责、敦促、教育是很难奏效的，因势利导、循循善诱往往效果会更好。人格或心理有缺陷的人往往自尊心很强，他们从骨子里不愿被人否定，不能接受别人对自己的批评或指责，但如果他们知道对方很敬重他们，为了保护他们而故意做出了忍让或牺牲，就会深受感动，容易听进劝解。其实，人格与心理健康程度低下的人往往心理都很脆弱，经不住别人对他们好，这是他们的软肋，也是大家能打动他们，从而促其改善的突破口。

夫妻间的相互理解是解决婚姻问题的前提

婚姻关系出现问题的一个非常重要的原因是夫妻双方相互不理解，也即男人读不懂女人，女人也看不懂男人。前面章节讲过男女对婚姻的态度及心理的不同会给婚姻家庭带来不良的影响，其实还有很多问题也会影响婚姻家庭生活的质量，比如夫妻双方认知水平不同、心智成熟度不同、心理健康程度不同等。这些问题长期得不到解决，就会在夫妻间产生各说各有理的对立情绪，这对婚姻情感的伤害是巨大的。

你善于体会另一半的感受吗

人都有一个共同的心理特点，就是主观利己，客观排他。也就是说，每个人都会在主观方面做出有利于自己的假设，在客观方面做出排斥他人的推断，这是人的一种本能。人是靠自我感觉来认识世界的，当通过“亲眼看到”或“亲身感受”获得对一个事物的认识之后，再面对同类事物的时候，先前建立起来的认识就会起指导作用，并排斥他人对这类事物的不同看法。

在婚姻关系中，很多夫妻常常将这种本能发挥得淋漓尽致，坚持自己对同一事物的看法，否定对方的看法和意见，完全不能体会另一半的感受，导致夫妻之间的沟通模式出现严重问题，进而产生各种各样的婚姻矛盾。

盛中是个不善交际、老实憨厚的企业技术骨干，45岁了也没在单位当上一官半职，他的工资奖金不低，每月都会全交给妻子南月，自己不留下一分私房钱，花钱的时候再和南月要。其实盛中也没什么花销，既不抽烟也不喝酒，既不请客也不送礼，基本上就是从家到单位的两点一线。南月是个女强人，里里外外一把手，在单位是个科级干部，工作业绩出色；在家里从管孩子、做家务到照顾双方年迈的父母，也一人包揽下来。

盛中的单位是垄断企业，他又是技术骨干，收入比一般人包括南月都要高出很多，而且从不花天酒地、朝三暮四。南月也不在乎盛中的职位高低、挣多挣少，更不会抱怨自己一人承担所有家务的同时还要努力工作。按理说两人的日子应该过得很幸福、很知足，然而他们却因为请保洁阿姨、盛中想植头发等一系列鸡毛蒜皮的事争吵不休。

盛中感觉这样的婚姻生活很压抑，一心想解脱出来，就想一个人痛痛快快地过无拘无束的日子（他确实没有出轨）。其实，两人都承认他们之间没有什么特别大的原则性问题，南月也做了不少妥协，但问题并没有得到彻底解决，因为两人对存在的分歧始终坚持各自的观点。

南月认为盛中只要一心干好工作就行了，不用操心家里的事，没有必要抢着去做家务，他做出来的家务实在不敢恭维，也没有必要请保洁阿姨来打扫卫生，自己有的是力气，不需要外人帮助；盛中想植头发更是完全没有必要，他的头发从小就很稀少，谁都没觉得这是个问题，看习惯了还觉得这样很自然，植上一头黑发后反而会不适应。

然而，盛中觉得自己的意见从来得不到妻子的支持，自己在单位处理不好人际关系，压力已经非常大了，结果回到家里也得不到家人的尊重、理解和支持，无论他做什么或提出什么样的想法都会被妻子否定，连孩子也不支持自己，他感觉自己就像个废人，心情特别压抑，所以想彻底和南月分开。

这是一个典型的由夫妻之间相互不理解所带来的冲突问题。虽然都是些鸡毛蒜皮的小矛盾，但集合起来却重如千斤，以至于让丈夫盛中感到被压得喘不过气来，如果不离婚就可能会彻底崩溃。而妻子南月全然不知问题会这么严重，更不理解丈夫是怎么想的，总觉得他是在没事找事，是心理有问题。其实南月说对了一点，盛中的心理确实有一定的问题，但问题的关键还是在于他们夫妻双方之间的互不理解和缺乏尊重。

首先是妻子不理解丈夫。南月搞不懂丈夫为什么非要插手家务事，家务一直都由她一手操办，原来也不需要丈夫的参与，现在丈夫为什么非要做这些自己并不擅长也没必要做的家务事呢？他只要做好自己的工作就可以了呀！

其实，南月没有意识到丈夫在单位一直是不开心的。盛中性格很内向，不善与人沟通，人际关系处得很一般，所以长期以来的压力非常大，而且各种压抑的情绪一直没有得到释放。人总是希望得到并努力寻找认可的，盛中在外面没有得到认可，就会把注意力转回家里，想在家务事上施展自己的“抱负”，找回在单位没有得到的尊重、理解和肯定。

结果，盛中的愿望又落空了。在家庭生活中，他还是一再被否定，始终得不到尊重和认可，这对他的自尊心的打击很大，再加上南月总是觉得他在小题大做、故意找茬，导致他经常性情绪冲动。盛中为人内向、老实、有涵养，不想吵闹得狼狈不堪、鸡犬不宁，也不想找婚外情人来报复妻子，所以想用离婚的方式来逃离夫妻之间无法解决的矛盾。

实际上丈夫同样也不理解妻子。盛中读不懂的是妻子是个精打细算过日子的人，即使自己挣钱不少，妻子也不想随便乱花，能省的地方就省，能自己干的事就自己干，没必要花冤枉钱。盛中一再想找保洁阿姨来打扫卫生，是因为心疼南月，不想让她太劳累了，但南月是个很节俭的人，又总觉得自己身强力壮，打扫卫生这种简单的家务活自己就能搞定，别说是花钱请保洁阿姨，就是盛中抢着干，南月都觉得不如她自己干的效果好。

而对于盛中植发这件事，南月确实是无法接受的。她早已习惯盛中的形象，觉得他突然做这种没有必要的改变，花钱还是小事，一旦引起头皮发炎就麻烦大了。后来，虽然南月妥协了，同意盛中去实现自己的心愿植上头发，但他非要南月陪着一起去，南月不愿陪他去，他就一直没植成，这事就变成了一个僵局。

梳理了南月和盛中的婚姻问题后，大家会觉得这不都是些鸡毛蒜皮的小事嘛，双方各让一步就好了，又不是什么出轨、家暴的大事！但是，在读前几章出轨、家暴问题的时候，大家又会觉得能有几个人的婚姻会发生这么严重的问题？按照大家的想法，严重的基本不会发生，轻微的不值得吵闹，那么请大家回答一下，很多人的婚姻出现了问题，原因到底是什么？

大家应该能从这个问题中体会到，每个人都有自己看待问题的角度，我们会习惯性地站在自己的立场上去解释所发生的一切事情，而不会主动去了解别人的世界，无论是别人经历的事件的真相，还是别人看待问题的立场角度。

回到南月和盛中的故事上来看，他们婚姻的主要问题就是夫妻双方谁也读不懂谁，谁也不理解谁，都觉得自己是对的，都觉得自己是在为对方着想，而对方却不尊重、不理解自己。解决这类问题的方法很简单——转换角度。只要学会和习惯站在对方的角度去看问题，这类矛盾就很容易解决。

我们先来举个例子。假如你正在开车，路上没有红绿灯，突然你看到一个行人正要横穿马路，这时你可能会想：这个人真没素质，和汽车抢时间，有什么事能连命都不要了？反过来，你现在是有急事需要赶紧到街对面的行人，这时路上车来车往，没有人行道也没有红绿灯，你想找个空当快走几步横穿过去，但没有一辆汽车给你让路，这时你可能会想：这些开车的人真没素质，都不知道避让行人，让行人先过去。

同一个人，只是转换了一下角度，就会对同一个事物得出两种完全不同的结论。为什么会出现这种情况呢？这是因为人的认识是借助于“触角”来实现的。“触”是对事物的接触，“角”是看待事物的角度。人必须充分依靠“触角”去认识世界，无论学做什么事情都要靠“触角”去感知，但人的“触角”是有局限性的，会受到很多因素的影响和限制。比如，受视角狭窄的影响，未必能看清楚事物的全貌；受接触事物深度不够的影响，未必能感受到事物的真正内涵等。

正是由于每个人的“触角”不同，有时对同一个事物得出的结论就会完全不同。比如，你是单位领导，在批评犯了错误的下属的时候，你是领导者的姿态和批评者的角度，心理是放松的，心态是无所顾忌的，不会有什么担心或纠结。反过来，如果你犯了错误被领导叫去接受批评，这时你的感触就完全不同了，那种担惊受怕、忐忑不安的心情是可想而知的吧？

因此，同一个人因为所处的位置、角度不同，对同一事物的反应是完全不同的。这种意识和观念要牢固树立起来，在与配偶或孩子、家人出现矛盾的时候，只要不是原则问题，就要学会站在对方的立场上看问题，这样矛盾和分歧才能迎刃而解。

你能意识到自己的某些行为会对婚姻造成伤害吗

对婚姻关系出现问题的家庭来讲，多数女人是能意识到自己的某些不恰当的行为可能会对婚姻造成伤害，但多数男人是意识不到自己的某些行为会伤害婚姻的，甚至根本就不会去想这个问题。正是因为有这样的差异存在，男人应该好好向女人学习，努力提高自己对婚姻家庭的责任感，树立起对婚姻家庭可能会造成伤害或影响的自我预警意识。只要长期坚持自我预警、自我反省，各种对婚姻不经意、不在意的伤害行为就会大为减少。

以下几种行为尤其值得警惕。

1. 动不动就发脾气

这是一种最常见的伤害婚姻家庭的行为。动不动就发脾气的人总觉得对家人无须掩饰自己的本性，而且有种要用气势来证明自己“权高位重”的意识，甚至觉得自己已经暴怒了，就说明自己是对的而对方是错的。这种以自我为中心的高强度的主观意识对夫妻关系、亲子关系造成的危害最大。无论当事者认为自己有多么正确和权威，在处理婚姻家庭关系上都不能以暴力方式来解决问题，这是根本原则。

应对这种行为的办法是无条件地离开“应激源”。离开“应激源”的目的是“物理降温”，等易怒者情绪平稳以后再面对纠纷。如果再次面对时，还会引发当事者的暴怒情绪，那就要继续无条件地离开“应激源”，直到当事者没有暴怒情绪为止。

要想有效地实施离开“应激源”的措施，需要夫妻或家庭成员事先约定好，在当事者想发作的时候，任何一方都可以亮出

"免战牌"，任何一方都可以离开"应激源"，未必是易怒的一方主动离开，也可以是被动方离开。虽然这种暂时的"物理降温"不能从根本上解决家庭矛盾，但可以防止发生更为严重的对立和伤害行为，对保护婚姻家庭非常重要。

2. 出轨

这种行为对婚姻家庭的危害是致命的。很少有出轨者会担心万一哪天被家人发现了怎么办，总是会侥幸地认为家人是不会知道的。其实，任何一个出轨行为都不可能不被发现。就像一个小偷只要伸出手，就一定会在一个范围内被发现，发现的人可能是警察，也可能是群众，只不过发现的人是少数。同理，一个出轨者一定会在一个范围内被发现，最先发现他出轨的可能是同事、朋友、邻居或其他熟人，最晚发现的往往是他的家人，但家人的发现是迟早的事情，而且家人最终也能够大致或很清楚地确定他的出轨对象和出轨时间。

有人可能会疑惑，为什么自己知道的很多出轨者的家庭都是一片风平浪静甚至歌舞升平呢？好像他们的家人根本就不知道自己家发生了出轨的事情。其实道理很简单，任何家庭都不可能把这种事情拿出来谈论，谁会把自己家的出轨丑闻亮出来呢？除非把人逼急了，已经准备好鱼死网破、你死我活了，才会不得已把这种家丑抖搂出来，给自己叫叫冤，让大家评评理。否则，一般情况下都是三缄其口、噤若寒蝉，绝不会对外声张，即便有好奇者问起，也会全力否认，因为这涉及自己家庭的尊严。但不可否认的是，任何一个出轨者，他的家人尤其是他的配偶不可能对其行为没有任何察觉。

实际上，在家庭范围内最先察觉到某人出轨的往往是其配偶。家庭以外的人有可能会直接撞见其出轨，但家人很少有这种可能。因为出轨者一定会倍加小心地提防着自己的家人，家人往往要通过出轨者的一系列反常表现才会感知到其有已经出轨的可能。出轨者在面对家人时，尤其是偷情之后或准备出去偷情时，所表现出的慌张、局促和心不在焉是无法掩饰的，这是只针对家人所表现出来的一种紧张心态。

就像一个小偷准备实施偷窃行为时，他的紧张和害怕是担心被警察或便衣发现的心理反应，他并不害怕被群众发现，群众没有关注他的行为的意识和动机，即便发现了他的偷窃行为，也未必去管这个“闲事”。一个出轨者可以大大方方地带着情人出去也是这种心理，他不害怕被其他人发现，他认为别人不会管他在干什么，管他的只有他的亲人。

出轨者回到家里会不自觉地产生“做贼心理”，这种心理根本无法掩饰，就像小偷见了警察就低头，是典型的老鼠怕见猫的心理。小偷并不知道哪个警察能认出他来，于是见到所有的警察都会下意识地低下头或赶紧躲开。同理，在面对出轨者的天敌——配偶的时候，出轨者是无法做到如局外人那样泰然自若的，一般人不可能有那么强大的心理素质。

因此，配偶从对方一系列不正常的言行举止上终究会发现其出轨的事实直到锁定出轨的对象，但出轨者不知道自己的行为已经被配偶发现或锁定，还以为自己很聪明，做得很隐蔽，会在侥幸心理和欲望驱使下继续出轨，最终的结果就是被配偶彻底揭穿。

更为严重的问题是，出轨者根本意识不到自己的出轨行为会给家人带来巨大的影响和伤害。实际上，出轨者没有办法估量自己的出轨行为会有多大的影响，是会让配偶生气、生病，还是会令配偶发疯、报复、寻死？是会让婚姻有裂痕、争吵不休，还是会让婚姻彻底破裂、妻离子散？

出轨者对此不可能有准确的把握和判断，他们的出轨行为都是“摸着石头过河”的过程，走一步说一步，发现一次抵赖一次，质问一次狡辩一次，结果发现自己的谎言和狡辩还真能蒙混过关。蒙混过关成了常态之后，出轨者就会牢固树立起“只要没被捉奸在床，谁拿自己都没办法”的意识，最终就会得出“出轨也就那么回事，根本不可怕”的结论。

殊不知，这种行为会彻底颠覆家人对出轨者原有的认识和评价，给配偶和孩子带来非常巨大、深远的影响，意味着家庭信任感和安全感的全面坍塌，这是对家人最大的伤害。婚姻家庭关系首先是建立在信任和安全体系上的，家对任何一个人来说都是最安全的地方，家人对任何一个人来说都是最值得信任的人，当这两个基础都不存在了，就会发生严重的信任感和安全感危机，足以伤及一个人最基本的心理底线。这就是为什么父母在孩子年幼时离婚，孩子会慢慢地发生一系列心理变化，最终出现严重心理疾患的原因。

出轨对婚姻的危害是毁灭性的。男人很少有这种意识，但女人的这种意识很强烈，根本原因就在于女人对婚姻的超强依赖和对婚姻安全保障的高度重视。因此，女人很少主动出轨，除非受到巨大的婚姻伤害或者遭到巨大的强压。男人则完全不同，男人的出轨几乎是一过性的，就像是吃一顿饭那么简单，不过是在家常便饭之外，多了一顿美味野餐。男人不知道的是，这顿“美味野餐”将颠覆妻子和家人用几年、几十年对他培养起来的爱、信任和尊重。

其实，一个男人被一个女人接受是有一定困难的，追求的时候需要投入全部心思，历经几年、几十年的付出和执守才能获得女人满满的爱、信任和尊重，结果一念之差、一步之错，全盘皆输。这时，再想挽回女人的爱、信任和尊重是非常困难的。失去信任很简单，建立信任很困难，重新建立信任更是难上加难，需要失信者付出比原来不知要大多少倍的艰辛努力。

男人在伤害婚姻的时候，从来不会想到自己曾经为了爱、为了追求妻子所付出的巨大心血。如果考虑一下这个问题，认真衡量“一念之差”和“长年付出”孰轻孰重，想必很多蠢蠢欲动的男人会做出明智的选择吧！

3. 冷战

冷战在现代婚姻家庭关系中是一种极为普遍的现象，对婚姻家庭的危害也是巨大的。婚姻出了问题，一方想尽快解决，另一方却一直在回避拖延；一方想尽早把问题搞清楚、说明白，另一方却始终不配合，既不说为什么冷战，也不说想冷战到什么时候，令想解决问题的一方求解无望，对婚姻家庭关系深感痛苦甚至是绝望。

喜欢用冷战方式对待婚姻问题的人主要有两种类型。

第一种是性格有缺陷的人。拥有偏执、自以为是、以自我为中心、躁狂躁郁、敏感多疑等性格缺陷的人，一旦遇到婚姻家庭矛盾，因为不具备积极健康的沟通能力和解决问题能力，只会用冷战的方式逃避婚姻家庭矛盾。

第二种是家庭矛盾的制造者。这类人深知自己的婚姻家庭问题与自己有着直接的关系，甚至也知道问题的根源就出在自己身上，但就是不想改变自己，不想停止明知道是伤害家庭的所作所为（比如出轨），便以冷战的方式对待配偶，以此来掩盖自己真正的问题，达到掩人耳目、混淆是非的目的。

婚姻遭遇冷战确实是非常棘手的问题，无论做何努力，对方都不回应，甚至是视而不见。面对这种局面，要想挽救婚姻也只能调整好自己的心态，耐心等待对方过了这段故意冷落自己的阶段，关系才可能会有所好转，但这是有一定风险和难度的。风险是指冷战有可能会越来越严重，直到对方提出离婚，这种结果是自己无法把控的。难度是指在等待的日子里会受尽煎熬、度日如年，如同身在炼狱。

因此，对于经常打持久冷战的婚姻，最好是主动放弃，因为婚姻的幸福绝非是单靠一方的努力就能实现的。如果真的不愿意放弃婚姻，那就只能承受煎熬，等待对方转变，但要“一颗红心两手准备”。如果对方有回心转意的一天，那苦等的心血就没有白费，但也要与对方达成共识，切不可再反复冷战；如果对方就是一意孤行地冷战到底，那自己也算用尽全力去挽回感情了，应该学会顺其自然，切不可用伤害自己的愚蠢方式去“惩罚”对方。

男人是解决婚姻问题的核心

男人要在婚姻家庭关系中承担起更多的责任和义务，尤其在面对婚姻家庭矛盾的时候，男人要更加主动，而且要有所担当。虽然咨询婚姻问题的多为女人，但毋庸置疑，引发婚姻问题的更多责任未必在女人身上。

为什么会有那么多的女人对婚姻问题疑惑不解、深感头疼呢？如果主要问题出在女人身上，她们就没必要煞费苦心、心力交瘁地到处求助而找不到方法了，自己改变不就可以了吗？正是因为问题往往不在她们身上，所以她们才无奈地到处求助、到处“申诉”，以期有人能帮她们一把，解决她们自己无力解决的难题。

妻子在面对婚姻问题的时候往往会对丈夫说：“咱们一起去做个婚姻咨询吧，让专家看看我们的问题到底出在哪儿，诊断出是谁的问题，咱们就解决谁的问题。”但妻子这种公平合理的要求往往都会得到丈夫的不屑回答：“要去你自己去吧，我没有什么问题，那些情感专家都是骗子，懂的还没我多呢，我才不去上当受骗。”

几乎每个家庭都会在解决婚姻问题的过程中遇到类似的对话，男人应对婚姻问题的模式和口径几乎是一致的，从大量的婚姻咨询案例中也发现，想主动解决婚姻问题的男人是极少数。为什么男人不会像女人一样，强烈地要求对方一起解决共同面临的婚姻问题呢？为什么男人总是被动地等待女人去解决问题呢？

当然，也有个别相反的情况。丈夫急切地想寻求专家的介入帮助，妻子却用了一般男人惯用的回答：“要去你自己去，我没什么问题。”如果女人如此回答，基本上可以推定为婚姻问题多出在女人身上，当然不能百分之百肯定，还需要综合多方信息才能下结论。在婚姻家庭关系中，越是不敢面对矛盾的一方，越是问题比较多的一方；越是积极寻找解决办法的一方，越是问题比较少的一方，这是个规律。不过，即使婚姻问题的主要责任不是在男人身上，男人也应该主动寻求解决婚姻问题的办法。

男人要拿出勇气面对婚姻问题

男人在很多方面具有女人不可比拟的优势，比如体力、抗压能力、抗挫折能力等，但在另外一些方面与女人相比，男人的弱势是比较明显的，比如面对婚姻家庭问题时总是处于被动状态。男人有种惯性思维，即把钱拿回家就是好男人，下了班知道回家就是好男人，不吃喝嫖赌就是好男人，不在外面寻花问柳就是好男人。男人对自己的要求和评价基本上就建立在这几个方面，女人再对男人提出其他要求，比如多关心一下妻子、多陪陪家人等，男人就会认为女人的要求太多太苛刻了，并会有种受约束的感觉，很多矛盾就会随之而产生。

前章讲述过男人在婚姻情感方面存在一些特点和软肋，综合起来讲就是，男人在年轻的时候会不遗余力地追求婚姻，到了中年以后却不怎么珍惜婚姻，动辄就会伤害到婚姻，但老来以后会变得十分珍惜甚至依赖婚姻。而女人在年轻的时候会被婚姻所吸引，甚至备受婚姻的宠爱，到了中年以后则会被婚姻情感问题所困扰，甚至遭受婚姻问题的伤害，老来以后往往会成为婚姻的谴责者、声讨者兼守护者，即使觉得憋屈无奈，也还得照顾老伴。

这样说起来，好像婚姻对女人特别不公平，但实际上男女在婚姻方面本来就不可能存在真正意义上的公平。单从受婚姻情感伤害的男女比例上就可以证明这一点，深受婚姻伤害的女性数量要远远高于受到婚姻伤害的男性数量，这是不争的事实。夫妻两个人在婚姻情感矛盾中肯定都会受到伤害，但受伤的程度绝对不是一比一、一对一的关系。当然，有的婚姻中男人受伤害的程度要高于女人，这种情况确实存在，只不过数量少之又少。

要想让男人拿出勇气面对婚姻问题，就需要男人过好以下三关。

1. “自我否定”关

男人的“臭”架子不能没有，但也不能乱摆，尤其在婚姻家庭里。如果一个男人无论在外面有多么了不起，官至几品，才有多高，都能在婚姻家庭里把自己摆在最低的位置，把妻儿老小摆到比自己高的位置上，说明这个男人的情商比较高，堪称极品。如果动辄就把家人否定掉，把自己凌驾于妻儿老小之上，这个男人再成功也是个做人不全面的“半成品”，至少人生最重要的一半——婚姻家庭关系没有维系好，所以他的成功和幸福都是打折扣的。

男人在婚姻家庭关系里面放低姿态是一种能力，也是树立男人个人威望的非常重要的手段。但很多男人做不到这一点，总觉得摆出一副架子才叫有尊严，才能让家人尊重，这是男人普遍拥有的一种错误想法。多数男人一旦感受到家人对自己“不尊敬”“看不起”或“顶撞”“冒犯”，其自尊心就会受损，一定会摆出一副一家之主的架子为自己挽回尊严，殊不知这种做法恰恰有失尊严，让妻儿老小看不起，只是大家藏在心里不说而已。

男人一定要过好“自我否定”这一关，以“低姿态”面对婚姻家庭关系，敢于在婚姻家庭里当老小，敢于在婚姻家庭生活中当学生，敢于接受妻子及家庭成员的批评，敢于说“妻子说的就是对的”“孩子说的也是对的”“我的观点有可能是错的”。只要在家庭生活中敢于否定自己，就会赢得家人的崇拜和欢迎，成为家人眼中最好的丈夫和父亲。

2.“性别优势”关

其实，男人骨子里都有种性别优越感，也即大男子主义，觉得做男人可以无拘无束、为所欲为。比如，男人有很多方式和途径去宣泄自己压抑的情绪，耍酒疯、打打架、找女人等，这无意中令男人很自在、很逍遥、很轻松，觉得没有什么东西可以约束或压抑自己，比做放不开自己又在意他人评价的女人要有意思多了。

男人内心深处的好色也是其孤芳自赏的“性别优势”之一，即便不会随便去侵害哪个女人，但随心所欲的想象几乎是男人与生俱来的能力或者说是权力。男人并不会觉得这个“权力”丑陋、龌龊，相反会觉得非常自在舒服，是一种愉悦自己的有效工具。

这就带来一个问题，婚姻中的男人每天到底都在想些什么?是的，他们在一边守着家里的娇妻，一边做着黄粱美梦。尽管无力、无胆、无条件让那些黄粱美梦成真，但整天“劳心费神”地去做那些徒劳的美梦也是要耗费精力的。“不怕贼偷，就怕贼惦记”，一旦让女人知道自己身边蹲着个总惦记外面花花草草的“贼”，女人那种反感、厌恶甚至是恶心的感觉是可想而知的。

说到底，喜欢做黄粱美梦（到处拈花惹草）也是男人的“性别优势”在作祟，这种优越感的积极意义不大，消极作用却不小。比如，有些男人在和其他异性相处的时候，即便自己的妻子在场，也会对其倍加关怀、大献殷勤，有时连自己的妻子都很难为情，觉得丈夫做得委实有些过分，但男人不以为然，觉得这是男人应该有的风度。

其实，这只是借口，实际上是在“性别优势”推动下释放自己潜意识里的性侵欲或占有欲。虽然在表面上并没有对他人构成实质的伤害或冒犯，但过分的恭维表现其实是内在欲望的外向表达。男人的劣根性——“吃着碗里的，看着锅里的；搂着家里的，想着家外的”，就像狐狸的尾巴，时不时就会露出来。因此，男人需要努力克服这种劣根性，否则就会对婚姻情感造成一定程度的影响和伤害。

解决这个问题的关键是男人要理解女人，要把自己的“性别优势”放在家庭里，多为妻子孩子着想，多给妻子帮助。帮助别人当然没错，主动给其他女人以关心帮助更是优秀男人的优良品质，但这种关心和帮助应该控制在一个合情合理的尺度上，毕竟两性关系不同于其他社会关系，具有高度特殊的敏感性。

“她感冒了没人管，既然是熟人，就陪着她去医院打了针，又带她吃点东西，送她回了家，这没什么大不了的，就是助人为乐”之类的借口是站不住脚的，背后还是男人的“性别优势”在作祟。男人可以换个角度想一下，如果妻子如此热情地关心其他男人，也为其他男人端水送药，也把其他男人送回家煮好粥，男人还能那么泰然自若，甚至为妻子叫好，鼓励妻子多帮助别的男人吗？

答案当然是否定的。那又凭什么非要让妻子接受自己的这类做法呢？做出的行为和给出的解释风马牛不相及，却想为自己的荒唐动机找个合理的借口，企图用“所有男人都会这么做”的理由蒙混过关，只能是搬起石头砸自己的脚。

男人的“性别优势”一定不要放在外面，其他优势尽可在外挥洒，比如智慧优势、管理优势、财商优势等，这些优势都是会给男人加分的，唯有“性别优势”会给男人减分，而男人往往管不住的就是“性别优势”。男人一定要记住，一旦“性别优越感”

伸出了头，男人的“小尾巴”就会露出来，就会给男人带来麻烦，或者把男人弄得很被动，或者把男人带进泥潭，给男人的婚姻家庭带来灾难。

因此，男人要过好“性别优势”这一关，控制好自己的性别优越感。在外面尤其是在其他女人面前别太“阳刚”了，稍微中性一点儿没有坏处，要把最男人的一面放在家里。这样做的结果是“外面不生乱，家里不塌天”，于己、于人、于家庭、于社会都有好处。

3. “认真诚实”关

男人面对婚姻问题大多缺乏真诚的态度。很多婚姻问题都源自男人的分心和移情，但男人并不愿意承认这些，承认就意味着撕掉了伪装已久的面具，面子上过不去，没法面对妻子和家人。过去一直以正人君子的形象面对妻子和家人，一旦问题暴露了，妻子再三揪着自己的“小辫子”不放，男人就会采取回避和不置可否的态度。然而，男人意识不到这种态度会引起妻子更大的不满和愤怒。女人不害怕丈夫犯错，害怕的是丈夫知错不改和欺骗自己，这是女人最担心的问题。

其实，男人不爱女人了，只要明说，让女人“死个”明白，女人是可以接受这个事实的。女人最不能接受的是丈夫明明不爱了，还要装得一本正经地过日子，假惺惺地对自己和孩子好，实则把爱和情都给了婚外的女人。但这恰恰又是男人的一个软肋，男人不爱女人了也不会直说，还是会继续欺骗、继续伪装，一边说着爱，一边做着分心和移情的事情，最终女人得到的就是心口不一、有名无分的婚姻，以及毫无温暖、了无生机的消极情感体会。

女人最大的悲哀就是要面对男人的伪装和口是心非。婚姻出现问题时，女人往往会把主动权交到男人手里，想让男人亲口说出要不要这个婚姻。女人的想法是要就好好对待，不要就各奔东西。女人不是离了男人就不能过，女人只是想要个踏踏实实、安安分分、一心一意过日子的婚姻，穷点富点都无所谓。

但想让男人说出真心话并不是一件很容易的事，这不是因为男人的想法很复杂，而是因为男人的想法很幼稚。大多数男人的想法是婚姻还是要继续维持的，但妻子最好不要去管自己那些乱七八糟的事情，只要自己能把钱拿回家，不亏待妻子孩子就可以了，这是很多男人的真心话。不过，男人在面对妻子的时候，无论如何也不会将想要“齐人之美”的真心话说出来。

既然男人不想离婚，女人也不想放弃婚姻，那就需要男人过好“认真诚实”关，勇敢地面对自己的问题，提出解决问题的有效办法。其实，男人只要拿出真诚，女人就能看到希望。如果男人连句实话都不肯说，女人的心就会变得冰冷拔凉，再多的软磨硬泡也换不回女人最初的信任和爱情，婚姻问题的根本解决将会变为空谈。

因此，男人（即便是犯了严重错误的男人）一定要拿出当年追求妻子的积极态度，用真诚的方式（比如忏悔）去打动妻子。这是挽回妻子受伤的心、挽救婚姻的第一步。如果连这一步都做不到或不想做的话，那就干脆放弃婚姻，不要再浪费彼此的精力和时间，糟践彼此的精神和情感。

第二步是开诚布公，把自己的问题说清楚，把自己想要做的事情说清楚，把自己想要达到的目的说清楚。把问题说清楚并不可怕，妻子和家人都能理解甚至帮助自己，都会站在自己的立场上考虑问题。而不把问题说清楚的后果非常严重，等同于把自己放到了家庭利益的对立面，这是妻子和家人最担心也最忌讳的问题。

第三步是共同面对。只要男人敞开心扉说清楚了问题，家庭的统一战线就形成了，这是解决婚姻家庭问题最重要的基础。家是所有家庭成员的避风港，不可能让任何一个成员落到“港”外，这是由家庭关系的特殊性决定的。虽然所有背离婚姻家庭利益的想法和做法都得不到婚姻家庭的支持，但婚姻家庭允许其中的成员有不合适的想法甚至是不健康的做法，因为这些问题都可以在婚姻家庭关系框架内得到包容性的解决。

孩子犯了再大的错误，家长打归打、骂归骂，最后都会理解和包容，帮助孩子解决问题。夫妻之间也是同理，妻子再怎么吵闹，只要丈夫知错认错、认真悔改，妻子还是会为他打开家门。可以说，妻子在对待犯错丈夫的时候与原谅自己犯错的孩子没有太大的区别。

精诚所至，金石为开。男人的真诚就像女人的善良能撼天动地，别说是婚姻家庭矛盾，就算是严重的冲突甚至是你死我活的对立，都可以化干戈为玉帛。只要男人拿出真诚，过好“认真诚实”这一关，婚姻家庭问题的解决就能见到曙光，夫妻关系的改善就能看到希望。

男人要克服在婚姻方面的自私心理

男人在婚姻家庭方面的贡献无疑是巨大的，这一点谁都不会否认。对一般家庭而言，家庭的主要收入来自男人，但男人除了对家庭的物质贡献以外，在其他方面与女人相比，谁的付出更大呢？赡养照顾老人、哺育教育孩子、里里外外的家务等，都是繁重的劳动，除去吃饭睡觉几乎需要全天候的付出，与男人的付出相比，女人的劳动强度更大、劳动时间更长，这是男人自己都不得不承认的事实。

前章提到过婚姻关系缔结的规律是，从一开始的相识到结婚，一般情况下是由男人主动追求女人，倒过来的情况为数不多。男人如果不追求女人，女人一般情况下是不会主动投怀送抱、非得嫁给男人的，这样的女人毕竟是少数，而且婚后多是不幸的。

然而，婚姻出了问题以后，懈怠的一方往往是男人。之所以说男人懈怠，是因为一旦婚姻出了问题，男人表现出来的姿态大多是回避，而女人却是上赶着找男人去解决，这与两人在谈恋爱及刚结婚那段时期的姿态完全相反。

这种现象说明了什么呢？说明男人想得到女人的时候，就会煞费苦心、不屈不挠地去争取，把女人争取到手后，出现问题的时候（无论是自己的问题，还是对方的问题，或是两个人的问题），男人的态度却是冷落、回避、不配合、不置可否。少数女人也不愿意面对、解决婚姻家庭问题，但多数情况下还是男人在消极对抗。这时冷若冰霜的男人和婚前积极争取芳心、想尽一切办法解决问题、一定要把女人追到手的男人判若两人。

当初要不是女人被男人的这种不屈不挠所感动，应该说大多数婚姻是成不了的。女人看中或感受到的就是当初男人对自己的坚持、理解、疼爱、呵护、包容甚至是纵容，才愿意走入这个会给自己带来幸福和美好的婚姻。哪个女人都不会想到男人婚后会发生天翻地覆的变化，会反过来变成自己要理解、尊重、包容甚至是纵容男人的一切。

其实，谁包容谁、谁忍让谁都无所谓，关键是两个人的心要往一块想，劲要往一块使。如果心想不到一起了，使劲的方向更是南辕北辙了，那么在这种状态下再谈包容就没了基础。此时，鉴定男女对婚姻家庭是否负责任的标准，就是考量谁考虑家庭利益的做法更多，谁背离家庭责任的行为更多。

有几个结了婚的女人会放着家庭不管，只顾着忙自己的事情？又有几个结了婚的男人会一天到晚把心思都放在妻子孩子和家务事上？毫无疑问，答案是都很少。当今社会夫妻双方大都是双职工，都有各自的工作和压力，男人还有权利和理由再去争辩自己是为了挣钱养家而顾不上呵护妻子、照顾家人吗？

推卸对家庭的责任与担当，只能说明男人的自私。男人想得到女人的时候，就花费时间和精力去充分显示自己的能力、担当与作为；不想承担家庭义务、照顾妻儿老小了，就说自己没时间顾家，时间都花在了“为了家庭”而在外打拼上了，这种理由何其荒诞！

当初追求妻子的时候，有哪个男人是停下当时的工作，什么也不做而专心去追求的？怎么现在只是维持婚姻家庭情感，不用费尽心思追求的时候，事业就会和婚姻对立起来了？所以说，男人在面对婚姻家庭问题的时候总是会谎话连篇，习惯于用“忙”作为借口来打发妻子、搪塞家庭、推卸责任，无理也要为自己争辩三分。

其实，有些婚姻的矛盾并不严重，只是因为男人对婚姻家庭的不在意、不用心、不作为而引发了不愉快。只要男人能意识到这一点，并意识到妻子和自己一样在为家庭付出，甚至比自己付出得更多更大，就能调整自己对婚姻家庭的态度，有效地解决婚姻问题。

一般来说，女人对丈夫非但没有什么过分的要求，反倒心甘情愿地为家庭付出自己的一切。因为女人爱这个家庭，爱自己的丈夫，爱自己的孩子，所以她们再苦再累心也甘。但当女人感受到丈夫对待家庭的观念和态度和自己迥然不同时，即使丈夫的工资全部上交，即使丈夫知道下班就回家，女人也不会感受到丈夫对这个婚姻家庭的用心。

可以想象一下，男人拖着疲惫的身躯回到家，要么看电视，要么玩手机，或者除了吃饭就是睡觉，妻子的感受会是什么？如果反过来妻子是这个样子，男人会如何反应？妻子的这种冷漠行为能说明对丈夫、对家庭是关心（更别说用心了）的吗？对丈夫是尊重、关爱、体谅的吗？男人能高高兴兴地接受妻子这个样子吗？恐怕很难吧。

然而，很大一部分男人不会站在妻子的立场上反思自己的问题，依然觉得自己在外面打拼得那么累，回到家就应该休息，并且对此心安理得、理直气壮，完全不在乎妻子的感受，甚至认为妻子即使在外工作也不会像自己那么累，女人天生就应该多照顾家庭。

男人之所以这样想、这样做，除了男人的“性别优势”（大男子主义）在作祟以外，很重要的一个原因就是男人在面对婚姻家庭时具有自私心理。男人愿意在婚姻家庭生活里摆谱，愿意做出被妻儿老小照顾的享受姿态，对婚姻家庭的情感及家务付出有一种腻烦心理。那些把婚姻家庭生活当成乐趣、爱好和义不容辞的责任去用心经营的男人都是高情商的男人，女人嫁给这种男人可谓非常幸福。因为这种男人付出的是真诚和用心，带给女人的是愉悦和享受，会让婚姻家庭感受到巨大的温暖和希望。

男人要从婚姻家庭的自私心理上找问题、找差距，如果男人意识不到自己与女人、与其他好男人之间的差距，婚姻家庭问题的改善就是一句空话。只要男人有所觉醒，哪怕只是逐步意识到自己在这方面存在不足，婚姻问题的改善就有希望。

要知道任何行为都是由意识推动的，假如男人根本就意识不到问题的存在，就不可能对问题的解决感兴趣。为了提高男人在这方面的觉悟，促使男人主动做出改变，女人要做好以下“婚姻功课”。

□多动员丈夫和自己一起分工做家务，尽量营造快乐的家庭氛围。

□多鼓励和夸奖丈夫所做的家务，让他经常得到你的称赞。

□少埋怨，少指责，多鼓励，多“哄骗”，拿出对孩子的态度对待丈夫。

□别总是拿外面的优秀男人比对丈夫，要反过来拿丈夫优秀的一面去比对外面的男人。

□要做小女人，别做大女人，在丈夫面前要学会示弱，不要太坚强，尽量做个外干中强、外弱里强的女人。

□家务活一定不要大包大揽，应该由丈夫干的就让他去干，女人就是女人，别把自己当成半个男人。

□尽量做一个“开心果”，不要做“苦瓜脸”“黄脸婆”。

□在非原则性问题上尽量包容丈夫，女人的宽大胸怀专克男人的狭窄心胸，男人在敞亮的女人面前无法“藏污纳垢”。

□要学会用开玩笑的方法击垮丈夫的不健康言行，这是夫妻间“正义战胜邪恶”的制胜法宝。

男人要主动对婚姻家庭付出更多的感情

在婚姻关系上有个特别有趣的现象。

假如一群女人在一起聊天，话题是某个男人对妻子、孩子悉心照顾、关爱有加，女人们会对这个家庭、这个妻子非常羡慕，觉得这个男人太好了，做他的妻子太有福了。

假如一群男人聊起一个女人对丈夫、孩子悉心照顾、关爱有加，结果会是怎样？要说男人都无动于衷吧，可能有些过分，要说会有女人听到“男人对女人好”的那种羡慕反应，那肯定是假话。

男人一般会这样认为：“女人对男人好很正常，嫁鸡随鸡、嫁狗随狗嘛，女人这样做是天经地义的。”说白了，男人对这种事情根本就不关心，没有什么特别的感觉。

但是，如果聊的是某个男人对他的情人非常好，又买车又买房，男人的反应就会不一样了。他们眼里会放光，会心生感叹、好生羡慕，觉得这个男人有本事，羡慕人家活得潇洒。

大家在现实生活中对这类情景应该不陌生，多少都有些体会。这反映出男女的什么差异呢？其实反映出的就是男女在婚姻关系上的关注点不同——男人向外，女人向内。和男人谈家庭里面的事情，男人是不感兴趣的，但只要是谈家庭以外的事情，男人就会心潮澎湃。因此，建立和谐家庭，处理好婚姻关系的法宝就是让男人多给家庭一点关注，这样婚姻家庭矛盾就会减少一大半。

只要男人想维护好自己的家庭，女人没有不高兴的，这正是女人梦寐以求的。只有在两种情况下，女人不会接受男人的这种用心。

第一种是女人被丈夫伤得太深。即便这时女人没有新的感情，也不想再维系这种无法忍受也无力继续的婚姻。其实，这种情况并不多见，因为女人的特点是需要男人接纳。即便男人一错再错，一次又一次伤害了自己，只要男人说改，女人还是会给他机会，这是女人的天性。

第二种是女人在外面有了新的感情依赖。即便这个感情十有八九是个陷阱，但因为女人被婚内情感伤得太深太久，太需要得到其他男人的关怀与疼爱，根本无力指望将来会怎样，当下的"取暖"已成为必需，所以即便是飞蛾扑火也在所不辞。

这一点和男人的偷腥心理有形式上的相似之处，但也有本质上的差异。男人是为了满足生理需求去寻求刺激，可以置婚姻家庭的幸福于不顾，有时甚至会赔上身家性命；女人不会为了生理上的满足而赴汤蹈火，但会为了在情感上寻找依赖而失去理智。这是形成婚姻家庭矛盾的主要原因和基础条件，其他婚姻问题多是由此引发。只要男人能意识到这种基础性的矛盾，把妻子最想要的东西（感情）全部给她，婚姻的基础就牢固了。

男人可能会问，凭什么我们得对妻子付出全部的感情，她们怎么不把全部的感情给我们呢？我们梳理一下常见的婚姻感情脉络就可以知道，哪个女人不是从结婚的那一天开始，就强烈要求和丈夫一对一地付出情感，就想两个人“你中有我、我中有你”过一辈子的？但男人愿意过这种情感一对一的生活吗？能一直持续吗？答案是不能。

男人给出的理由是要“工作、赚钱、养家”，不能光把心思放在妻子、婚姻、家庭身上。女人虽然失落但也没办法，只能由着丈夫去。尽管女人也得工作，但女人的心还是在家里、在丈夫身上，不会随便放在别的地方。有了孩子以后，女人会以为丈夫能把更多的心思放在家里，结果满心的希望还是落空了，因为丈夫有了更要“工作、赚钱、养家”的理由——为了孩子。

女人的感情是一定要有寄托的。爱情失落的女人只能把感情放在孩子身上，在孩子身上倾注心血与感情形成习惯后，女人和孩子之间形成了一个相互依赖、牢不可破的情感关系，男人在女人心里的位置就会慢慢退后。这时，男人又跳起来指责女人：“你整天就知道照顾孩子，对我一点儿都不关心、不在乎！”男人这种倒打一耙的无赖态度会令女人更加伤心。

女人需要男人的时候，男人以“忙”为借口走开了，女人只能把感情放在孩子身上，最后却被男人指责为情感偏离，没有把全部的感情给男人。男人自己“挖了个坑”把夫妻感情给埋了，却把责任推给了无辜的女人，这种事情很多女人都有切身的体会，但哪个男人会主动大方地承认呢？

男人对家庭的贡献是巨大的，但婚姻家庭生活不仅仅是吃饭穿衣（虽然必不可少），精神情感生活是人类赖以生存的更重要的部分，没了精神与情感，人就变成了低等动物。情感生活不仅决定着夫妻二人的幸福，还决定着一个家庭乃至子孙后代的身心健康与人生幸福。

一个好的家风能够影响几代人，每个人都希望自己的家庭拥有一个优良的风气、健康的秩序、和谐的关系、美好的环境。假如我们的爷爷奶奶相敬如宾、相濡以沫，我们做子孙的就会觉得生在这种家庭很幸福、很自豪。当下的我们显然已经没有办法再“召回”或改变爷爷奶奶的婚姻家庭关系，但我们正在成为我们子孙的爷爷奶奶，我们能不能“召回”自己，打造会让子孙感到幸福自豪的和睦美好的婚姻家庭关系呢？

实际上，这个功课应该从结婚的那天起就开始做。如果之前没有做好功课，也不要懊恼遗憾，“请多多指教的余生”永远不嫌晚。婚姻家庭不计过往，只看当下和明天，这就是婚姻家庭关系的特殊性。

婚姻和人的身体是一个道理，过去有病是没有办法的事情，人吃五谷杂粮没有不生病的，人不害怕生病，就害怕病无药治。婚姻之病应该说都能医治，关键就看我们愿不愿意去治。其实，治疗与改善的决定权就掌握在我们自己手中。

最后用高尔基的一句名言结束全书：

婚姻不仅是两个人肉体的结合，更是两个人高度的精神结合，婚姻的目的就是要共同克服两个人所面临的一切艰难和困苦。